信息共享对团队决策绩效的影响机制研究

罗仕文 著

吉林大学出版社
·长春·

图书在版编目（CIP）数据

信息共享对团队决策绩效的影响机制研究 / 罗仕文著. — 长春：吉林大学出版社，2023.1
ISBN 978-7-5768-0352-5

Ⅰ．①信… Ⅱ．①罗… Ⅲ．①信息资源－资源共享－影响－组织管理－管理决策－经济绩效－研究 Ⅳ. ①C934

中国版本图书馆 CIP 数据核字（2022）第 165895 号

书　　名：信息共享对团队决策绩效的影响机制研究
XINXI GONGXIANG DUI TUANDUI JUECE JIXIAO DE YINGXIANG JIZHI YANJIU

作　者：罗仕文　著
策划编辑：邵宇彤
责任编辑：单海霞
责任校对：刘守秀
装帧设计：优盛文化
出版发行：吉林大学出版社
社　　址：长春市人民大街 4059 号
邮政编码：130021
发行电话：0431-89580028/29/21
网　　址：http://www.jlup.com.cn
电子邮箱：jldxcbs@sina.com
印　　刷：定州启航印刷有限公司
成品尺寸：170mm×240mm　16 开
印　　张：10.75
字　　数：177 千字
版　　次：2023 年 1 月第 1 版
印　　次：2023 年 1 月第 1 次
书　　号：ISBN 978-7-5768-0352-5
定　　价：68.00 元

版权所有　　翻印必究

前　言

　　随着决策环境日趋复杂化和动态化，团队决策越来越成为组织解决决策难题的手段。团队决策的优势在于能够为决策任务提供更多样化的信息支持。而这种优势的实现在很大程度上取决于团队成员之间的信息共享，如果信息不能得到有效共享，那么分布于不同团队成员之间的信息资源就不能为决策任务所用，还将损害团队的整体决策绩效，甚至带来灾难性后果。作为团队利用其现有信息资源的主要过程，信息共享的重要性显而易见，一直被认为是团队决策绩效的关键性因素，也越来越受到关注、重视。

　　相关研究表明信息共享不仅能够正向作用团队决策绩效，也能够负向作用团队决策绩效。在正负向作用下，信息共享和团队决策绩效之间的关系存在不确定性。正是这种不确定性关系，使在信息共享与团队决策绩效之间引入合适的情境变量显得至关重要，只有这样才能增强信息共享对团队决策绩效的正向作用，抑制信息共享对团队决策绩效的负向作用，确保信息共享的优势作用。另外，以往关于信息共享的研究更多是把信息共享作为单一维度变量。事实上，信息共享包括独特信息共享和共同信息共享。由于不同类型信息共享在团队决策中的作用机制不同，因此有观点认可共同信息共享而贬低独特信息共享，也有观点重视独特信息共享而贬低共同信息共享。正是这两种极端观点的存在，使信息共享一直以来都成为困扰团队决策的重要难题。要真正解决这个难题，必须在区分不同类型信息共享的基础上，深入研究不同类型信息共享对团队决策绩效的影响机制。

　　本书在团队认知理论、信息取样模型理论、社会验证理论的基础上，通过梳理和分析信息共享（包括独特信息共享和共同信息共享）、交互记忆系统、共享心智模型、关系冲突、团队心理安全、团队决策等变量文献，从团队认知（交互记忆系统与共享心智模型）和团队冲突（关系冲突）视角，构建三个具有内在逻辑顺序的理论模型，并分三个独立研究探讨信息共享对团队决策绩效的影响机制。研究 1 采取实证研究方法，从团队认知和团队冲突视角，探讨信息共享与对团队决策绩效的双向作用路径，以确定信息共享与团队决策绩效之间是否存在不确定性关系。研究 2 同样采取实证研究方法，验证团队心理安全对信息共享与团队决策绩效关系的调节作用，以确定团队心理安全是否可以发挥正向调节效应。研究3则是采取实验研究方法，从团队认知和团队冲突视角，进一步探讨在团队心理安全情境下不同类型信息共享对团队决策绩效的影响机制，以确定不同类型信息共享在团队决策中是否发挥不同的作用。

本书运用SPSS 23.0、Amos 24.0、R统计软件对三个研究的数据进行相关统计分析（描述性统计、相关性分析、线性回归、二元逻辑回归、方差分析等），结果发现：研究1中，信息共享基于团队认知正向作用于团队决策绩效，基于团队冲突负向作用于团队决策绩效，信息共享与团队决策绩效之间存在不确定性关系；研究2中，团队心理安全能正向调节信息共享与团队决策绩效的关系；研究3中，独特信息共享与共享心智模型不相关，却基于交互记忆系统正向作用于团队决策绩效，基于关系冲突负向作用于团队决策绩效，同时，共同信息共享与交互记忆系统不相关，但基于共享心智模型和关系冲突正向作用于团队决策绩效，另外，团队心理安全只在独特信息共享与交互记忆系统和关系冲突间起调节作用，却未能在共同信息共享与共享心智模型和关系冲突间起调节作用。

本书的贡献在于以下几个方面。第一，构建了信息共享对团队决策绩效的双向作用路径。区别以往把信息共享对团队决策绩效的正负向作用路径割裂开来的研究做法，本书从团队认知和团队冲突视角，构建信息共享对团队决策绩效的双向作用路径。第二，揭示了不同类型信息共享对团队决策绩效的影响机制。通过实验研究方法发现独特信息共享只基于交互记忆系统和关系冲突作用于团队决策绩效，与共享心智模型无关；共同信息共享也只通过共享心智模型和关系冲突作用于团队决策绩效，与交互记忆系统无关，且团队心理安全的调节作用只体现在独特信息共享上。第三，丰富了信息共享的情境研究。鲜有研究从心理机制角度探讨团队信息共享，本书以团队心理安全为情境变量，试探讨团队心理安全情境下信息共享，尤其是不同类型信息共享的变化。第四，为团队决策管理提供了有效的启示。为确保团队决策绩效的提高，在重视不同类型信息共享的价值下，要营造团队心理安全氛围，确保团队成员能够在相互信任和尊重的基础上，敢于人际冒险，发表不同的观点及看法。

作者
2021.08

目　录

第一章　导论 　　　　　　　　　　　　　　　　　　　　　　1
  第一节　研究背景与问题提出　　　　　　　　　　　　3
  第二节　研究意义　　　　　　　　　　　　　　　　　7
  第三节　研究目标　　　　　　　　　　　　　　　　　9
  第四节　研究的内容结构　　　　　　　　　　　　　　9
  第五节　研究方法　　　　　　　　　　　　　　　　　11
  第六节　技术路线图　　　　　　　　　　　　　　　　12
  第七节　研究创新　　　　　　　　　　　　　　　　　14
  第八节　本章小结　　　　　　　　　　　　　　　　　15

第二章　文献综述 　　　　　　　　　　　　　　　　　　　17
  第一节　信息共享的研究现状　　　　　　　　　　　　19
  第二节　团队认知的研究现状　　　　　　　　　　　　27
  第三节　团队冲突的研究现状　　　　　　　　　　　　36
  第四节　团队决策的研究现状　　　　　　　　　　　　42
  第五节　团队心理安全的研究现状　　　　　　　　　　47
  第六节　文献述评　　　　　　　　　　　　　　　　　50
  第七节　本章小结　　　　　　　　　　　　　　　　　54

第三章　信息共享对团队决策绩效的双向作用路径研究 　　55
  第一节　理论分析与研究假设　　　　　　　　　　　　57
  第二节　研究假设汇总　　　　　　　　　　　　　　　63
  第三节　研究设计　　　　　　　　　　　　　　　　　63
  第四节　研究结果　　　　　　　　　　　　　　　　　73
  第五节　研究讨论　　　　　　　　　　　　　　　　　77
  第六节　本章小结　　　　　　　　　　　　　　　　　79

第四章　团队心理安全对信息共享与团队决策绩效关系的调节效应　81
第一节　团队心理安全调节效应的研究假设　84
第二节　研究设计　85
第三节　研究结果　90
第四节　研究讨论　92
第五节　本章小结　93

第五章　团队心理安全下不同类型信息共享对团队决策绩效的影响　95
第一节　理论分析与研究假设　98
第二节　研究假设汇总　103
第三节　研究设计　104
第四节　实验操控有效性的检验　110
第五节　假设检验　110
第六节　本章小结　121

第六章　研究结论与启示　123
第一节　研究结论及讨论　125
第二节　理论贡献　127
第三节　实践启示　129
第四节　研究局限性与未来研究展望　131

参考文献　133

附录：实验信息　162

第一章 导论

第一章 导论

第一节 研究背景与问题提出

随着内外部环境日趋动态化、复杂化，组织越来越依靠团队而不是个人进行复杂的决策。较个人决策而言，团队决策的优势不仅在于决策过程中能够将不同成员的信息汇集一起并形成有效信息池（Mesmer-Magnus et al., 2009），还能共担风险，减少个人在决策中的信息共享顾虑（戴佩华，2016），从而做出优于个人信息所支撑的最优决策方案。但是要实现这种优势必须要使分布在不同团队成员之间的信息得到有效共享（Stasser et al., 1985, 1987），否则将损害整个团队绩效（Bendoly, 2015），甚至导致灾难性后果，1998年美国宇航局发射的火星气候轨道器坠毁事件就是惨痛的例子。作为隐性和显性知识从组织内部个人向群体转移的过程（Bontis et al., 2011），信息共享的重要性显而易见，一直被认为是团队决策绩效的关键性因素（Stasser et al, 1985, 1987；Jackson et al., 2013）。

一直以来，信息共享对团队决策绩效影响的研究主要强调信息共享的积极作用，认为信息共享可以帮助团队成员更全面地了解任务相关要求，克服有限信息带来的个人偏见（Li et al., 2018）；帮助团队发现潜在的问题，探索更多的解决方案（Lee et al., et al., 2011）；提高团队内部协调性和减少过程损失（Andres, Zmud et al., 2002）；增强团队的凝聚力和信任感，提高团队的一致认知水平，进而提高决策的速度和内部一致性（Gupta et al., 2000）。但是，也有研究直接指出信息共享可能会扰乱团队内部的人际关系，引发团队内部人际冲突，导致团队绩效下降（Sherf et al., 2018）。Moye等（2004）在其研究中就指出群体形成早期阶段信息共享过程中成员意见和观点的不同不仅会增加任务冲突，也会增加关系冲突，并进一步说明这种关系冲突是由于成员之间的差异所带来的低群体认同感造成的。另外，Hans等（2018）发现当能力归因不准确时，信息精化（口头交流、讨论和整合信息的行为）会损害团队绩效。Veen等（2020）也基于信息共享代理模型（agent-based model）验证了组织信息过载情况下，信息共享作用下的集体决策速度和准确性都会受到影响。由此可见，信息共享不仅能正向作用于团队决策绩效，还可能负向作用于团队决策绩效，两者之间存在着不确定性关系。正如Darnon等（2002）所指出的，信息共享是一把"双刃剑"，在为团队决策提供所需信息的同时，会引发成员之间的不良情绪或人际紧张，使团队在关键问题上决策不下。

目前对信息共享与团队决策绩效这种不确定性关系的研究还存在"盲点"，往往将正负向作用路径割裂开来，要么只研究正向作用路径，要么只探讨负向作用路径，鲜有在同一理论模型中同时探讨正负向作用路径。这样只能导致对信息共享的片面认知。为了全面系统地了解信息共享，解释信息共享与团队决策绩效之间的不确定性关系，本书试图从团队认知视角以交互记忆系统和共享心智模型为过程变量分析其正向作用路径，从团队冲突视角以关系冲突为过程变量分析其负向作用路径。之所以从团队认知视角以交互记忆系统和共享心智模型为过程变量分析信息共享对团队决策绩效的正向作用，本书主要基于以下考量。首先，决策活动的复杂性和动态性所需要的分布于不同成员之间的多样化信息会使团队成员产生认知压力和观点分歧（Waring et al., 2018）。而作为团队认知的重要构念，交互记忆系统不仅可以协调和整合分布在不同成员之间的信息，提供特定任务所需的相关信息，使团队成员不必拘泥于掌握所有相关信息（Kozzowski et al, 2006），还可以基于专长信息目录功能了解和检索到他人所掌握的专长信息以及辨别信息的准确性（Brandon et al, 2004），从而减轻团队成员认知压力。同时，作为团队认知的另一重要构念，共享心智模型则可以协调团队成员之间的行为，增进成员之间的信任（Cooke et al., 2000），就团队情境和任务关键要素快速达成一致认知（Jimenez-Rodriguez, 2012），从而消除团队成员之间的观点分歧。其次，以往有关信息共享的研究大多基于行为学的视角，着重于信息共享的行为模式，即"谁从谁那里检索什么信息"（Gershkov et al., 2016），鲜有文献从团队认知角度对信息共享进行研究。事实上，团队认知作为团队集体知识结构，是影响团队表征、收集、共享与整合任务相关信息的一系列认知加工过程，其水平决定了团队层面信息共享的质量和决策绩效（Hu et al. 2018）。比如，Dechurch等（2010）在"信息共享与团队绩效关系"的元分析中指出团队认知是团队绩效驱动的最有影响力机制之一。国内学者陈婷等（2016）也在其研究中指出，从团队认知视角研究信息共享可以减少决策过程中信息共享的偏差，提高团队决策绩效。可见，从团队认知视角研究信息共享能在一定程度上解决团队决策中信息共享的问题，提高团队决策绩效。之所以从团队冲突视角以关系冲突为过程变量分析信息共享对团队决策绩效的负向作用，主要因为供团队决策使用的信息不均匀分布于团队成员之间（Xiao et al., 2016），团队成员所掌握的信息表现出异质性，而信息异质性会造成成员之间的不良情绪、人际紧张及情感对立（Darnon et al., 2002）。信息异质性也会使团队成员在信息共享过程中表现出观点和看法的不同，从而造成对决策方案的争论，而团队内部决策方案的争论与成员之间的关系冲突密切相关（Devine, 1999）。可见信息共享会导致成员之间的关系冲突。Griffith等（2001）直接指出团队成员的多样化信息共享在通过任务冲突正向作用于团队决策绩效的同时，会通过关系冲突、过程冲突负向作用于团队决策绩效。Moye等（2004）也曾直接指出群体形成早期阶段持不同观点成员的信息共享不仅会增加任务冲突，也会增加关系冲突。关系冲突必然导致团队绩效的损失，只有缓解或抑制信息共享过程中的关系冲突才能解决决策无效争论，有效提高团队决策绩效（戴佩华等，2014）。

正是由于信息共享对团队决策绩效的双向作用，因此它们之间存在不确定性关系。不确定性关系下，要发挥信息共享对团队决策绩效的关键性作用，应引入合适的情境变量，以消除不确定性关系（增强信息共享对团队决策绩效的正向作用，抑制信息共享对团队决策绩效的负向作用）。关于信息共享与团队决策绩效之间的情境变量研究，过去文献也从领导风格（leadership style）（Larson et al, 1998）、任务经验（task experience）（Greitemeyer et al., 2006）、时间压力（time pressure）（Bowman et al., 2012）、媒介特征（media characteristics）（Jimenez-Rodriguez, 2012）、功能多样性（function diversity）（Xiao et al., 2016）、利己因素（egoistic factors）和利他因素（altruistic factors）（Chen, 2020）等方面进行了探讨。但是，目前还鲜有文献从心理机制角度研究信息共享。鉴于社会验证理论所导致的信息共享顾虑（Schauenburg et al., 2013），以及信息共享过程中存在的沟通风险（Steenbruggen, Nijkamp et al., 2015），团队成员会有意识地选择愿意共享的信息以及与其共享信息的人，而这种选择会在团队心理安全情境下表现得更自然（Wittenbaum et al., 2004）。团队心理安全作为团队成员的共享信念，能使成员自由地发表自己的看法和观点，有利于减少信息共享顾虑和沟通风险（Wang et al., 2020）。另外，团队心理安全作为一种非正式的组织程序和规范，有利于鼓励团队成员之间的开放性沟通及彼此信任的互动，消除因观点不一致导致的人际冲突（Baer et al., 2003）。因此，团队心理安全情境不仅可以鼓励团队成员之间的信息共享，为团队决策提供更多有益信息，而且可以消除信息共享过程中的人际摩擦或关系冲突，为成员之间的顺利沟通提供保障条件。这在相关的研究中已得到证实（Griffith et al., 2001）。鉴于团队心理安全的功能，本书将探讨团队心理安全情境因素是否能增强信息共享对团队决策绩效的正向作用，抑制信息共享对团队决策绩效的负向作用。

以上研究都是以信息共享为单一维度变量为前提的。事实上信息包括独特信息（unique information，即单个成员所拥有的信息）与共同信息（common information，即为所有团队成员所拥有的信息）（Stasser et al., 1985, 1987；陈婷等，2016）。这两种不同类型信息的共享对团队决策绩效的作用机制不同，影响结果也不尽相同，以至于学术界对于这两种不同类型信息共享的观点出现严重分歧。有观点认同共同信息共享而贬低独特信息共享，他们认为独特信息很难得到其他团队成员的共鸣和认可（Boos et al., 2013），还有可能被其他团队成员孤立（Brodbeck et al., 2010），甚至认为独特信息纳入现有信息中需要付出额外代价，并会导致团队冲突，损害团队决策绩效（Ferzandi et al., 2004），只有共同信息才会被频繁提及，并较独特信息能更快促成一致决策（Larson et al., 1998），是团队决策的决定性因素（Swol et al., 2015）。也有观点更认同独特信息共享，他们指出在"隐藏文件范式"（hidden profile paradigm）（关键信息在团队中分布不均，每个成员只拥有解决问题的部分信息）下，独特信息共享更能预测团队绩效，是最优决策的关键（Xiao et al., 2016），缺乏独特信息的信息共享只能导致次优决策结果（Gummerum et al., 2013）。那么团队认知和团队冲突视角下独特信息共享和共同信息共享将如何影响团队决策绩效？团队心理安全对独特信息共享和共同信息共享的调节效应会一致吗？为了更深入了解信息共享对团队决策绩效的影响机制，提高团队决策绩效，本书在改变以往将不同类型信息共享割裂开来研究的做法基础上，还将独特信息共享和共同信息共享同时纳入同一理论模型中，从团队认知和团队冲突视角进一步探讨团队心理安全情境下不同类型信息共享对团队决策绩效的影响机制。

第二节 研究意义

一、理论意义

第一，拓展了信息共享的研究内容。鲜有文献在同一理论框架下探讨信息共享对团队决策绩效的双向作用路径，基于此现状，本书从团队认知和团队冲突路径研究信息共享与团队决策绩效的不确定性，从而全面系统地了解信息共享。同时，以往研究更多关注信息共享的直接作用机制，缺乏对过程机制以及边界条件的探讨。在信息共享（包括不同类型信息共享）直接作用的基础上，本书还从过程机制和情境因素深入探讨信息共享的作用机制。因此，本书不仅系统地构建了信息共享对团队决策绩效的双向作用路径，还在区分不同类型信息基础上，探讨了不同类型信息共享对团队决策绩效的过程机制及调节机制，构建了全面系统的结构理论模型。

第二，有效揭示了不同类型信息共享的作用机制。以往关于信息共享对团队决策绩效作用的相关研究大多基于信息共享这一单一维度变量，没能有效区分不同类型信息共享各自对团队决策绩效的作用机制。事实上，共同信息共享与独特信息共享对团队决策绩效的作用机制存在差异，并且这种差异扩展到两种极端：重视共同信息共享而贬低独特信息共享，或者重视独特信息共享而贬低共同信息共享。实际上，共同信息共享和独特信息共享对团队决策绩效都有积极作用，只是研究的切入视角不同，从而没能深入地了解信息共享的作用机制。本书在区分不同类型信息共享的基础上，以团队认知（交互记忆系统和共享心智模型）和团队冲突（关系冲突）为过程变量，团队心理安全为调节变量，构建了独特信息共享和共同信息共享对团队决策绩效影响的整体理论模型。经实验研究，发现独特信息共享只是通过交互记忆系统和关系冲突作用于团队决策绩效，而共同信息共享基于共享心智模型和关系冲突作用于团队决策绩效，而且，在团队心理安全情境因素作用下，只有独特信息共享受到影响，共同信息共享没有显著变化。这能有效揭示不同类型信息共享对团队决策绩效的影响机制。

第三，丰富了团队信息共享的情境研究。本书在以往信息共享情境变量研究的基础上，基于心理机制角度，以团队心理安全为情境变量，试图消除团队信息共享过程中的信息共享顾虑和人际紧张，使团队成员能积极参与决策讨论，共享个人信息，提高团队决策绩效。本书在探讨团队心理安全对不同类型信息共享的调节作用时，发现团队心理安全的调节作用未能得到全部证实：只有独特信息共享数量会增加，独特信息共享与交互记忆系统和关系冲突的关系会得到调节，而共同信息共享数量未有显著变化，共同信息共享与共享心智模型和关系冲突的关系也未有显著变化。

二、实践意义

第一，有利于提高团队决策绩效。本书证实了独特信息共享与共同信息共享都对团队决策绩效具有积极的作用，这有力纠正了以往对不同类型信息共享的两种极端观点（重视共同信息共享而贬低独特信息共享，或者重视独特信息共享而贬低共同信息共享），要全面提高"隐藏文件范式"条件下的团队决策绩效，既要重视共同信息共享也要重视独特信息共享，两者缺一不可。独特信息共享通过为团队决策提供多样化信息，扩展团队信息池来提高团队决策绩效，而共同信息共享通过增强团队成员之间的情感纽带，在相互信任的基础上，提高决策速度和内在一致性来影响团队决策绩效。只有了解两种不同类型信息共享的作用机制才能从整体上提高团队决策绩效。

第二，有利于提高团队管理效率。团队决策的优势已得到广泛证实。但是，团队是由具有不同专长信息的成员构成的，这样会造成团队成员信息的异质性，从而引发成员之间的关系冲突，损害团队决策绩效。在团队心理安全情境下，这种关系冲突会得到抑制。同时，团队决策讨论中团队成员的信息共享并不是毫无保留，往往表现出信息共享的选择性和顾虑。这种选择性和顾虑在团队心理安全情境因素的作用下也会得到有效缓解。因此，团队不仅要吸纳具有不同专长信息的成员以扩展团队决策的信息池，也要在内部营造心理安全氛围，提高成员的心理安全体验，缓解彼此间的人际紧张，使团队成员在信任的基础上积极表达自己的真实看法，并愿意承担人际风险。

第三，有利于提高新产品开发效率。由于动态性和复杂性，新产品开发往往需要多样化的信息资源，这是典型的"隐藏文件范式"。要提高新产品开发成功概率，只有通过团队合作方式，充分共享独特信息。研究也证实了独特信息共享比共同信息共享对团队决策的作用更显著，这意味着不仅要重视共同信息的共享，更应重视独特信息的共享。那种只关注共同信息共享而忽视独特信息共享的做法，最终可能导致新产品开发的失败。因此，此结论为新产品开发提供了有益借鉴，有利于提高团队决策绩效，最终提高新产品开发效率。

第三节 研究目标

研究目标是在梳理信息共享（包括不同类型信息共享）、交互记忆系统、共享心智模型、关系冲突、团队心理安全及团队决策等变量文献的基础上，从团队认知（交互记忆系统和共享心智模型）和团队冲突（关系冲突）视角构建在团队心理安全情境下信息共享（包括不同类型信息共享）对团队决策绩效（团队决策质量和团队决策承诺）的理论模型，以揭示信息共享对团队决策绩效的过程机制和边界条件，提高团队信息共享的效率和质量，最终提高团队决策绩效。同时，本书在理论上丰富和拓展了信息共享及团队决策的研究，可为团队管理实践提供一定的借鉴。

第四节 研究的内容结构

梳理信息共享的研究文献，发现作为团队决策绩效的关键性因素，信息共享既能正向作用于团队决策绩效，也能负向作用于团队决策绩效，与团队决策绩效之间存在不确定性关系。为了充分发挥信息共享的优势作用，有必要深入研究信息共享（包括不同类型信息共享）对团队决策绩效的内在作用机制。本书建立在信息共享研究现状的基础上，基于团队认知理论、社会验证理论、信息取样模型理论，探讨信息共享对团队决策绩效作用的内在机制，并建立本书的理论框架。首先，基于信息共享的研究现状，从团队认知（交互记忆系统和共享心智模型）和团队冲突（关系冲突）角度提出信息共享对团队决策绩效的双向作用路径，以确定信息共享与团队决策绩效之间的不确定性关系。其次，在信息共享与团队决策绩效不确定性关系的基础上，提出引入团队心理安全情境变量的必要性，并检验团队心理安全在信息共享与团队决策绩效之间的调节效应。再者，根据前述研究结论和不同类型信息共享对团队决策绩效作用机制的不同，从信息的二维视角，利用实验研究方法探讨在团队心理安全情境下不同类型信息共享对团队决策绩效的影响机制。最后，对研究的结论进行讨论和分析，并指出研究的不足和未来研究的方向。

第一章，导论。本章通过介绍研究的背景，引出本书拟探讨的问题，即信息共享（包括不同类型信息共享）对团队决策绩效的影响机制，也指出了研究的理论及实践意义、研究目标、研究内容结构、研究方法、技术路线，另外阐明了本书的创新之处。

第二章，文献综述。首先交代了本书涉及的相关理论基础；其次从内涵、分类与测量以及相关研究等方面系统地梳理了信息共享、团队认知（交互记忆系统与共享心智模型）、团队冲突（关系冲突）、团队心理安全、团队决策绩效等变量的相关文献，了解其研究动态，总结其研究贡献，并指出研究存在的问题。这为本书的理论模型构建提供了坚实的理论基础。

第三章，信息共享对团队决策绩效的双向作用路径研究。本章主要基于团队认知和团队冲突两条路径探讨信息共享作为单一维度变量对团队决策绩效的双向作用路径，以确认信息共享与团队决策绩效之间的不确定性关系。基于相关的理论基础，本章提出了相应的研究假设，包括信息共享基于团队认知（交互记忆系统和共享心智模型）对团队决策绩效（团队决策质量和团队决策承诺）的研究假设，信息共享基于团队冲突（关系冲突）对团队决策绩效的研究假设。

第四章，团队心理安全对信息共享与团队决策绩效关系的调节效应。本章基于第三章的研究结论（信息共享与团队决策绩效之间的不确定性关系），指出要发挥信息共享对团队决策绩效的优势作用，需要引入相应的情境变量。同时，通过实证研究方法检验团队心理安全对信息共享与团队决策绩效关系的调节效应。本章的研究假设包括团队心理安全情境下信息共享对团队决策质量作用的研究假设，以及团队心理安全情境下信息共享对团队决策承诺作用的研究假设。

第五章，团队心理安全下不同类型信息共享对团队决策绩效的影响。由于不同类型的信息共享对团队决策绩效的作用机制不同，本章在第三、四章实证研究结论的基础上，从信息共享二维角度，将独特信息共享和共同信息共享纳入同一理论模型，利用实验研究方法进一步探讨在团队心理安全情境下不同类型信息共享对团队决策绩效的影响机制。本章的研究假设包括独特信息共享基于交互记忆系统作用于团队决策绩效的研究假设，独特信息共享基于关系冲突作用于团队决策绩效的研究假设，共同信息共享基于共享心智模型作用于团队决策绩效的研究假设，共同信息共享基于关系冲突作用于团队决策绩效的研究假设，团队心理安全情境下独特信息共享对交互记忆系统作用的研究假设，团队心理安全情境下独特信息共享对关系冲突作用的研究假设，团队心理安全情境下共同信息共享对共享心智模型作用的研究假设，团队心理安全情境下共同信息共享对关系冲突作用的研究假设。

第六章，研究结论与启示。首先，对本书的主要结论进行了总结和讨论分析；其次阐述了本书结论的理论贡献和实践启示；最后，在指出本书不足的基础上，提出了对未来研究的展望。

第五节 研究方法

一、文献研究法

文献研究法是一种常见的科学研究方法，即指搜集、鉴别、整理文献，并通过对文献的研究形成对事实的科学认识的方法。本书首先通过文献研究法对信息共享的研究现状及进展进行梳理，指出目前信息共享研究存在的不足，指明本书的必要性和价值。其次，通过文献研究法，从概念、前因变量、结果变量、划分维度与测量等方面对信息共享、交互记忆系统、共享心智模型、关系冲突、团队心理安全、团队决策绩效进行梳理，为本书相关变量概念的界定以及理论模型的构建提供理论基础。最后，通过文献研究法对本书涉及的相关理论（团队认知理论、信息取样模型理论、社会验证理论）进行系统梳理，为本书的开展提供有力的理论支撑。

二、问卷调查法

问卷调查法是学术研究中最常见的一种基本方法，它是研究者利用经统一严格设计的问卷与研究对象关于研究设计问题的信息和资料的方法。本书在参考现有研究成果的基础上，结合本次调查目的，对调查问卷进行拟定和优化，并通过现场发放和收集的方式收集实证研究和实验研究中相关变量的数据，最后通过相关分析手段对收集的问卷数据进行相关分析以验证本书中提出的假设。本书中所需要通过问卷收集的变量数据主要涉及信息共享、交互记忆系统、共享心智模型、团队心理安全、团队决策承诺等变量。

三、实验研究法

实验研究法是指研究者根据研究问题的本质内容设计实验,控制某些环境因素的变化,排除干扰因素的影响,使实验环境比现实环境相对简单,通过对可重复的实验现象进行观察,从中发现规律的研究方法。由于不同类型信息很难被意识到,尤其是独特信息,因此本书参照以往相关研究的设计采用模拟实验的方法,这样便于对不同类型信息进行控制,有利于取得比较好的实验效果。在模拟实验中除了共同信息,独特信息都是随机分配的,最终每个团队成员都拥有 8 条信息项:5 条共同信息,3 条独特信息。总之,实验研究方法有利于保证收集数据的客观性,避免了人为因素的干扰。

四、统计分析法

统计分析法是对数据进行处理最常用的方法,通过对研究对象收集的数据信息进行分析研究,认识和揭示事物间的相互关系、变化规律和发展趋势,借以达到对事物的正确解释和预测的目的。本书采用 SPSS 23.0、Amos 24.0 和 R 统计软件对实证研究和实验研究收集的数据资料进行处理和分析,以验证本书中提出的研究假设。所采用的统计分析主要涉及描述性统计、信度效度检验、相关性分析、线性回归、方差分析和二元逻辑回归等。

第六节 技术路线图

本书的技术路线图如图 1-1 所示。

```
┌─────────────────────────────────────────────────────────┐
│   绪论：研究背景、研究方法、研究意义、研究目标及问题的提出    │
└─────────────────────────────────────────────────────────┘
                            ↓
┌─────────────────────────────────────────────────────────┐
│        相关理论基础                                      │
│                                                         │
│        信息共享（包括不同类型信息共享）的研究              │
│ 文献                                                     │
│ 综述   团队认知（交互记忆系统与共享心智模型）的研究        │
│                                                         │
│        团队冲突（关系冲突）的研究                         │
│                                                         │
│        团队心理安全的研究                                 │
│                                                         │
│        团队决策的研究                                    │
└─────────────────────────────────────────────────────────┘
                            ↓
┌─────────────────────────────────────────────────────────┐
│        信息共享对团队决策绩效的双向作用路径                │
│                                                         │
│        团队心理安全的调节作用                             │
│                                                         │
│        不同类型信息共享对团队决策绩效的作用机制            │
└─────────────────────────────────────────────────────────┘
                            ↓
┌─────────────────────────────────────────────────────────┐
│        实证研究：信息共享的"双刃剑"和团队心理安全的正向调节 │
│ 研究                                                     │
│ 设计   实验研究：不同类型信息共享的作用机制                │
│                                                         │
│        统计分析：描述性统计、相关分析、线性回归与方差分析   │
└─────────────────────────────────────────────────────────┘
                            ↓
┌─────────────────────────────────────────────────────────┐
│     研究结论、理论贡献、实践启示、研究的不足与展望          │
└─────────────────────────────────────────────────────────┘
```

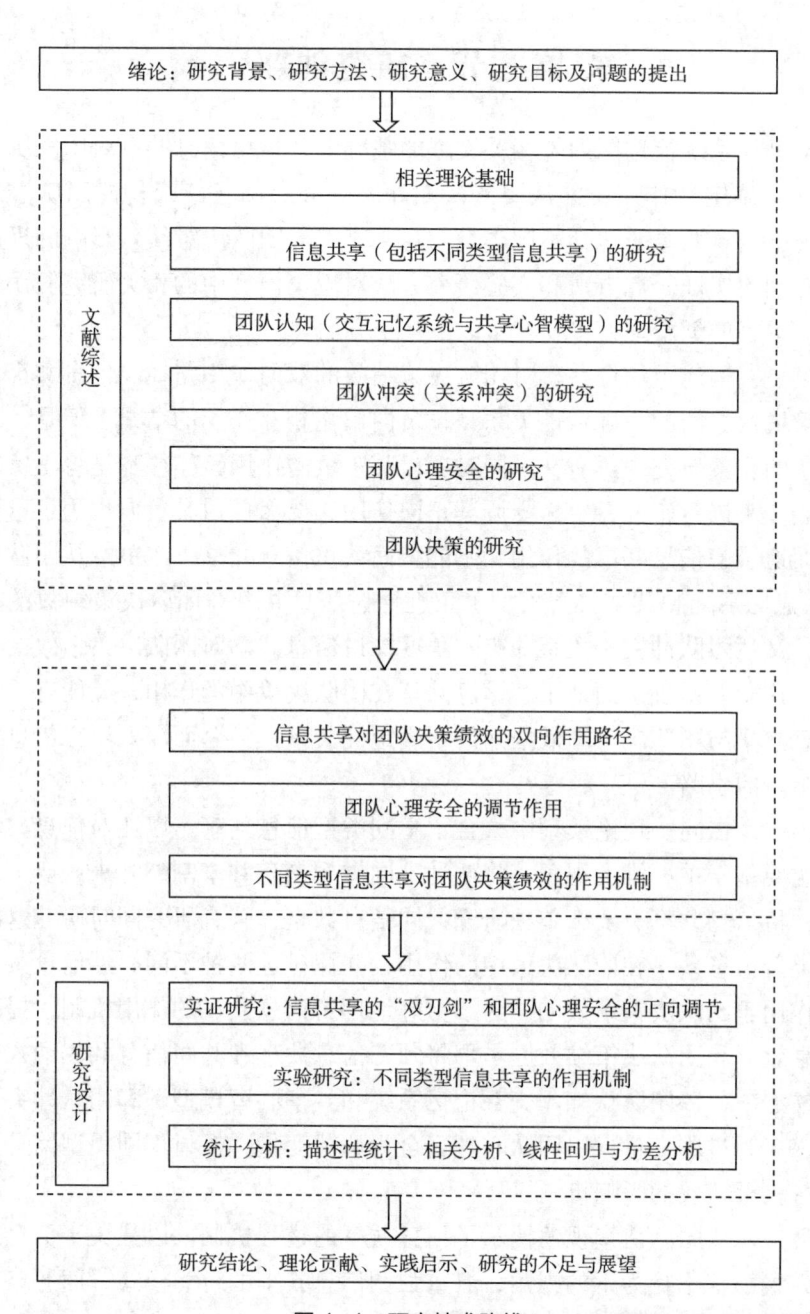

图 1-1　研究技术路线

第七节 研究创新

本书在系统梳理国内外相关文献的基础上，指出信息共享对团队决策绩效存在不确定性作用，并从团队认知和团队冲突两条路径构建团队心理安全情境下信息共享（包括不同类型信息共享）对团队决策绩效影响的理论模型，并利用实证研究方法和实验研究方法对理论模型中的相关研究假设逐一验证。本书的创新之处主要在于以下几个方面。

第一，构建了信息共享对团队决策绩效的双向作用路径。信息共享与团队决策绩效之间的不确定性关系是正负向影响相互作用的结果。但是，在信息共享的相关研究中鲜有文献同时探讨其正负向作用，往往都是将正负向作用割裂开来进行研究，要么强调其正向作用，要么探讨其负向作用，这样只能片面地了解信息共享的作用，不能全面认识信息共享。本书既从团队认知（交互记忆系统和共享心智模型）角度探讨信息共享对团队决策绩效的正向影响，又从团队冲突（关系冲突）角度探讨信息共享对团队决策绩效的负向影响。这既能系统全面地了解信息共享在团队决策中的作用，又能有效地解释信息共享与团队决策绩效之间的不确定性关系，为全面深入研究信息共享提供了新的思路。

第二，在同一理论模型中整合了不同类型信息共享。以往对信息共享的研究主要基于单一维度视角，将两种不同类型信息共享割裂开来，要么单独研究独特信息共享，要么单独研究共同信息共享，鲜有研究同时研究这两种不同类型信息共享在团队决策中的作用，并探讨这两种不同类型信息共享是如何作用于团队决策绩效的。为了更好地理解信息共享的作用机制，提高信息共享效率和团队决策绩效，本书将独特信息共享和共同信息共享纳入同一理论模型中，以团队认知（交互记忆系统和共享心智模型）和团队冲突（关系冲突）为过程变量，以团队心理安全为调节变量，探讨不同类型信息共享对团队决策绩效的影响机制。

第三，从团队认知视角揭示了信息共享的过程机制。以往关于信息共享的研究大都基于行为学的视角，着重强调信息共享的行为模式，而忽略了其他视角的切入，例如团队认知视角。事实上，有研究指出从团队认知视角研究信息共享，可以减少决策过程中信息共享的偏差，提高信息在团队中的有效加工和利用，也有研究指出团队认知会影响团队层面信息共享质量，进而影响团队决策绩效。基于此，在信息共享对团队决策绩效正向作用方面，本研究从团队认知视角出发，以交互记忆系统和共享心智模型为过程变量探讨信息共享（包括不同类型信息共享）对团队决策绩效的过程机制，试图揭开信息共享对团队决策绩效作用的"黑箱"。

第八节 本章小结

本章是研究的绪论部分，主要分析了研究背景，并在此基础上提出了研究的问题。同时，指出了从团队认知（交互记忆系统和共享心智模型）和团队冲突（关系冲突）角度出发，以团队心理安全为调节变量，探讨信息共享（包括共同信息共享与独特信息共享）对团队决策绩效的影响机制的理论意义和实践意义。另外，介绍了本书的研究目标、研究内容结构、研究方法、研究技术路线、研究创新等方面内容。

第二章 文献综述

第二章 文献综述

本章系统地回顾了涉及的核心概念和相关理论。具体概念包括信息共享（包括不同类型信息共享）、团队认知（交互记忆系统和共享心智模型）、团队冲突（关系冲突）、团队心理安全及团队决策绩效。具体理论包括团队认知理论、社会验证理论和信息取样模型理论。本章通过系统的文献回顾为后续研究假设的提出奠定了翔实的理论基础。

第一节 信息共享的研究现状

一、信息共享的内涵

信息作为通信和控制系统中一种普遍联系的形式，常出现在国内外学术领域中。信息是用来消除随机不定性的东西（Shannon，1948）。控制论创始人维纳认为信息是人们在适应外部世界，并使这种适应反作用于外部世界的过程中，同外部世界进行互相交换的内容的名称。信息管理专家霍顿认为信息就是为了满足决策活动要求而需要经过加工处理的数据。与霍顿观点接近的是，在经济管理领域信息被定义为为群体决策服务的有效数据。

信息共享是在信息的基础上延伸和扩展开来的。关于信息共享，学者从不同角度给出了相应的概念（表2-1），大致可以归纳为三个方面：一种把信息共享定义为群体过程（Gigone et al，1993；Henry，2007；Stasser et al，1992；Turner et al.，2014；Parayitam et al，2009；Hahm，2017），指群体成员基于任务目标，交换与任务相关的信息，并把个人信息最终转化为群体层面信息；一种把信息共享定义为群体能力（Garg et al.，2010），是群体成员共享信息的能力；一种把信息共享定义为群体系统（Weldy et al，2010），从学习型组织的角度把信息共享定义为嵌入组织的接近信息，分享信息的系统。通过梳理信息共享的相关文献，发现大多数研究把信息共享界定为群体成员共享信息的过程，并从各个角度探讨信息共享如何推进团队绩效的提高。本书也基于群体过程的角度，分析信息共享对团队决策绩效的影响机制。

表2-1 信息共享概念研究汇总

提出者	定 义
Gigone et al, 1993	团队成员自愿交换信息,以便更广泛地了解他们的团队目标,这是团队决策过程中的一个重要过程
Jehn, Shah, 1997; Henry, 2007; Stasser et al, 1992; Hayward et al., 2002	向其他成员陈述任务,具体指向其他成员披露事实上的任务相关信息,提供与任务相关的意见、建议和信息,包括让其他成员了解任务进度
Moye et al, 2004	与其他团队成员的沟通,涉及协调活动、任务细节、任务进度和任务决策推理
Turner et al, 2014	隐性和显性知识在组织内部由个人向群体转移的过程
Bunderson et al, 2002; Jessica et al., 2012	团队成员有意识地、深思熟虑地尝试交流与工作相关的信息,相互评估活动,并相互通报关键进展情况
Parayitam et al, 2009	团队成员有意地提到决策相关的信息
Garg et al., 2010	团队成员共享信息的能力
Kontoghiorghes et al, 2010	从学习型组织的角度定义信息共享就是在各个层面上团队成员之间公开共享信息
Weldy et al, 2010	从学习型组织的角度定义信息共享就是嵌入组织的允许接近信息、分享信息的系统
Mesmer-Magnus et al, 2009	团队成员集体利用有效信息资源的核心过程
Hahm, 2017	成员之间相互交换或提供信息,从而使个人层面的信息转化为组织层面的信息资源
严茜, 2010	团队成员间进行的口头或书面的讨论

资料来源:作者根据相关文献整理。

二、信息共享的维度与测量

信息分类是一项对信息识别、分布、梳理、剖析的研究活动,是对信息深入研究的基础。Stasser等(1985,1987)基于隐藏文件范式(hidden profile paradigm)将信息划分为两类不同类型的信息:独特信息(unique information)和共同信息(common information)。其中,独特信息是单个成员所拥有的且在共享之前不为其他成员所掌握的。而共同信息是群体成员所共同拥有的,并在群体决策之前等量分布在群体成员之间的。Dennis(1996)在Stasser等的研究基础上,进一步将信息划分为三个维度:共同信息(common information)、独特信息(unique information)、部分共享信息

(partially shared information)。其中部分共享信息指介于独特信息和共同信息之间，在群体决策前部分人而不是所有人所拥有的信息。这两类对信息不同标准的划分常见于信息共享的各类相关研究中，其中划分为独特信息和共同信息更为常见。

由于信息常被划分为独特信息和共同信息，信息共享也常被划分为独特信息共享和共同信息共享。独特信息共享是指群体决策过程中，群体成员与其他成员共享其个人信息的程度，共同信息共享则是群体决策过程中对共同拥有信息的讨论程度（Scholten，Knippenberg et al.，2007）。

信息共享的测量被分为实验条件下的主观和客观测量，以及现场研究条件下的主观测量。实验条件下的客观测量主要通过对面对面团队的聊天记录录音及电脑辅助媒介的聊天文本记录进行编码来测量。严茜（2010）在其研究中就是采取这种方法来测量信息共享的。实验条件下的主观测量主要通过事后回忆的方式来评估信息共享程度。Feng 等（2008）对信息共享的研究就是采用这种方式。

目前，运用最多的现场研究条件下的主观测量是 Bunderson 等（2002）的信息共享量表，总共 3 个题项，分别为"团队决策中信息可以自由共享""团队成员对影响业务的关键问题始终保持知情""团队成员努力使彼此了解活动的最新信息"。其次，还有 Lu 等（2010）的测量量表，共 8 个题项，分别为"我积极利用公司现有的 IT 资源分享我的知识和信息""我与其他人分享有用的工作经验和诀窍""在学习对工作有用的新知识或信息后，我会将其推广给更多的人""在日常工作中，我主动与同事分享我的工作相关知识""在工作场所，我会提供我的知识与更多的人分享""只要其他同事需要，我总是不保留任何我知道的东西""我保留我的工作经验，从不轻易与他人分享""我从不告诉别人我的工作专长，除非公司要求"。

由于独特信息在研究中很难得到确认，因此不同类型信息共享的研究大都采取实验研究方法。不同类型信息共享的测量即对从实际任务中获取的客观数据进行计算。其得分是由同一个团队成员之间交换的不同类型信息量或程度构成（Mesmer-Magnus et al.，2009）。国内学者戴佩华（2016）在其研究中利用独特信息的提及率测量独特信息共享，即利用决策中提及的独特信息数量除以所有的独特信息数量，比率越高，独特信息共享的程度越高。

三、信息共享与团队绩效关系的研究

(一) 单一维度下信息共享对团队绩效影响的研究

大多数情况下,信息共享被认为是团队绩效的决定性因素,能够正向预测团队绩效。Mesmer-Magnus 等 (2009) 通过元分析研究发现在信息共享与团队绩效修正模型中两者的相关性达到 0.42,这足以表明信息共享对团队绩效有显著性影响。Gupta 等 (2000) 认为信息共享作为一种人际互动过程,可以增加对他人信息的了解,尤其是隐性部分,这样会无形中增进团队之间的内在情感状态,比如团队信任和凝聚力,从而提高团队决策的速度和内部一致性。Miranda 等 (2003) 从信息共享的社会意义构建功能角度出发,把信息共享划分为两个维度:解释宽度和解释深度,并通过实验检验了信息共享的深度和宽度与决策质量的积极关系。Li 等 (2015) 发现信息共享有助于团队成员了解其他成员的专长信息,掌握团队任务的全面要素,克服个人偏见,从而产生更好的决策结果。Lee 等 (2010) 认为信息共享在扩展团队决策信息池的基础上,有助于团队成员考虑更多的选择,学习他人的经验,更好地利用团队层面的信息资源,改进团队决策绩效。Andres 等 (2002) 指出通过信息共享获得各种新信息,有助于团队成员采用新的工作流程,最终提高团队的过程绩效。Chae 等 (2016) 指出在团队决策活动中,个体不可能拥有所有与任务相关的信息,需要通过信息共享,才能获得足够的信息来了解和适应团队任务的要求,才能提升团队的学习能力和灵活性,最终提高团队决策的效率和质量,如果缺乏信息共享,团队决策的效率和质量都会受到影响。

另外,国内学者戴佩华等 (2014) 在研究团队冲突、信息分享、团队决策有效性三者关系中,发现信息共享有助于提高团队决策绩效。严茜 (2010) 在《不同媒介和任务条件下虚拟团队信息共享与团队效力研究》一文中探讨了信息共享(总量、深度、宽度)与团队效力的关系,并发现除了总量维度,信息共享的宽度和深度维度都正向影响团队效力。

虽然大多数研究验证了信息共享对团队绩效的积极作用。然而,也有研究揭示了它们之间的关系是复杂的。Darnon 等 (2002) 认为信息共享是一把"双刃剑",既为团队决策提供所需要的信息,正向影响团队决策绩效,又可能由于团队成员信息的异质性引发相互之间的不良情绪或人际紧张关系，从而负向影响团队决策绩效。Shin、Kim 等（2012）也认为信息共享与团队决策绩效的关系是复杂的。国内学者严茜（2010）也指出信息共享与团队绩效存在不确定性，且这种不确定性可能受到不同的绩效标准（决策效力、客观测量及主观测量）的干扰。也有研究指出信息共享与团队有效性不相关。比如，在对新产品开发团队进行研究时，Henard 和 Szymanski（2001）发现，跨越不同功能的信息共享与团队绩效不相关。Frishammar 和 Sven Åke Hörte（2010）也认为在技术和产业环境中信息共享与团队绩效不相关。甚至有研究指出，信息共享在一定条件下会损害团队绩效。比如，Sherf、Sinha 和 Tangirala 等人（2018）在研究中指出信息共享会扰乱团队人际关系，引发团队人际冲突，导致团队绩效下降。另外，Veen、Kudesia、Heinimann（2020）基于信息共享代理模型（agent-based model）验证了组织信息过载情况下，信息共享作用下的集体决策速度和准确性都会受到影响。由此可见，信息共享既能正向作用于团队绩效，又能负向作用于团队绩效，两者之间存在着不确定性关系。

（二）不同类型信息共享对团队绩效影响的研究

自信息被分为独特信息和共同信息之后，学术界就开始探讨团队在信息共享过程中是更偏重独特信息共享还是共同信息共享，或独特信息共享、共同信息共享哪个更能预测团队绩效。

由于独特信息共享和共同信息共享对团队绩效的作用机制不同，学术界对两者持不同看法。大多数关于信息共享的研究源于 Stasser 等（1985，1987）的"偏见的信息取样模型"（biased information sampling mode），并认为讨论过程中团队会倾向于不断重复所有团队成员已知的信息（共同信息），很少讨论只为个别成员所拥有的信息（独特信息），而且在共同信息上花的时间要比独特信息多，同时与独特信息共享相比，共同信息共享对团队绩效影响更大。Stasser 等（2003）指出共同信息在统计上具有先天优势：更多的人知道它，因此在讨论过程中提及它的机会就更大。Wittenbaum 等（2001）发现决策小组更喜欢讨论所有成员都知道的信息，而不是单个成员知道的信息。这种对共享信息的偏好可能与当共同信息被传递时，团队成员会给予积极评价有关。James 等（2002）的研究证明共同信息往往比独特信息更重要。具体地说，相比独特信息，共同信息是群体在讨论中很可能被提及，并且很可能被重复频繁提及的。此外，当群体决策时共同信息共享往往比独特信息共享更能使群体快速达成一致。Mojzisch 等（2008）利用实验方法研究虚拟团队讨论的协议，证实了共同信息共享对群体决策绩效的影响大于独特信息共享。Mesmer-Magnus 等（2009）基于元分析也证实了团队更倾向于分享共同信息，即使独特信息已被认为更能预测团队绩效，并指出如果团队充分聚焦于团队中的独特信息，问题可能就如化合物一样变得复杂了。团队决策偏重于共同信息共享主要源于社会验证（social validation）的心理机制，因为社会验证理论将鼓励共同信息的重复，而独特信息很难得到其他团队成员的共鸣和认可（Boos et al.，2013），还有可能被其他团队成员孤立（Brodbeck et al.，2010），将这类信息纳入现有信息中甚至需要付出额外的努力（Ferzandi et al.，2004）。

Wittenbaum 等（2004）对 Stasser 等提出的关于群体信息共享的文献进行了回顾和评价，发现 Stasser 等关于信息共享的研究带有很强的假设前提，这些假设对自然决策群体几乎不具有现实参考意义。例如，假定群体成员彼此合作，不带偏见，并以客观的方式显示信息。然而，信息共享是一个激励过程，成员通过此过程有意识地选择要共享的信息以及如何向特定成员共享信息以满足目标。Xiao 等（2016）也指出，信息共享并不总是积极作用于团队绩效，因为当信息均匀分布时，共同信息是最优决策的决定性因素，而在真实的商业实践中，各自的信息来源、专长、知识、教育、培训等不同造成信息分布不均（典型的隐藏文件范式），这时独特信息共享在最优决策中起关键性作用，如果只关注共同信息共享，最终只能导致次优决策结果。另外，Devine（1999）发现对于简单任务缺少个体专长信息可能不会产生不良后果，但对于需要大量相关信息的复杂任务，这种疏忽可能就会导致不良的决策结果。

要提高团队绩效，取得高质量的团队决策结果，群体成员之间需要有效地交流并整合信息，特别是独特信息，只有这样才能对每个决策选项做出更为全面客观的判断，并最终提升团队决策质量（Lam et al.，2011）。同时，要取得高质量的决策结果，组织还需要营造适当的条件以阻止偏向共同信息的讨论，并鼓励和启发讨论独特信息（Brodbeck et al.，2007）。Brodbeck 等（2010）在一项实验研究中，利用三人小组讨论方式以决定三个教授职位候选人中的最合适人选。研究假设在讨论前少数人异议可以增强对小组内独特信息的考虑。结果发现，独特信息共享随着少数人异议增加而增加，且增强了群体对群体决策质量改进的期望。另外，在多样性小组中，独特信息共享和群体决策质量之间的正向关系显著高于单一性小组。并进一步指出在群体决策中，利用少数人异议和多样性群体的隐藏文件范式的好处是显著的。Mesmer-Magnus等（2009）则发现，对于"面对面团队"而言，独特信息共享对团队绩效影响更大，而对于"虚拟团队"，共同信息共享更有利于提高团队绩效。可见，决定独特信息共享、共同信息共享哪个更重要时可能还需要考虑团队的类型。

（三）信息共享与团队绩效关系的情境变量研究

基于信息共享能有效提高团队绩效，是团队绩效的关键性因素，学者从不同的情境角度研究如何有效增加团队中的信息共享，并取得了丰硕的研究成果，具体研究成果如下。

1. 成员地位

Wittenbaum等（2001）发现决策小组中那些已经被视为有能力的成员（即那些地位高的人、专家和领导人）不需要通过交流共同信息来增强他们的形象和地位。相反，他们讨论的独特信息比被认为能力较差的成员多。因为地位低的成员通过共享共同信息而得到重视，所以他们很少冒提及独特信息而被孤立的风险。

2. 时间压力

Bowman等（2012）利用实验方法研究群体信息共享。在实验中，三人小组成员阅读关于两种假想降胆固醇药物的信息，并在高或低时间压力下共同选择其中更好的药物。信息作为"隐藏文件范式"分配给成员，以便支持更好药物的信息在讨论之前不被共享。结果发现，低时间压力组比高时间压力组更经常地选择更好的药物，特别是当这些组能获得不被共享的信息时。

3. 事先告知

Stasser等（2000）在竞选学生会主席的实验中发现对信息取样偏向（共同信息要比独特信息更多被提及）可以通过角色分配（role-assignment）而不是通过事先告知（forewarning）来减少。然而，事先告知会增加提及独特信息的可能性。

4. 沟通风格

严茜（2010）在《不同媒介和任务条件下虚拟团队信息共享与团队效力研究》一文中探讨沟通风格（建设性、攻击性、消极性）对信息共享（总量、深度、宽度）与团队效力（团队绩效、团队满意度、凝聚力）的调节作用。除了"团队攻击性沟通风格越高，信息共享与团队绩效间的关系会被削弱"和"团队消极性沟通风格越高，信息共享与团队绩效间的关系会被削弱"得到验证，其他都没有得到验证。

5. 团队关系冲突

戴佩华等（2014）在研究团队关系冲突、信息分享、团队决策三者关系中，发现团队关系冲突会阻碍独特信息分享与团队决策质量的正向关系，即关系冲突越强，独特信息分享与决策质量的正向关系越弱，反之，关系冲突越弱，独特信息分享与决策质量的正向关系越强。

秦辉等（2016）在虚拟性与信息共享关系的元分析中，指出团队规模和时间限制在一定程度上能调节虚拟性与信息共享的关系，但落实到不同类型信息上，却呈现很大的差异：对于共同信息，它们几乎没有调节效应；而在独特信息方面，时间限制依旧无显著作用，共49%的变异都由虚拟性和团队规模来解释。也就是说时间限制的调节效应可能主要体现在虚拟性和共同信息上，团队规模则主要体现在虚拟性和独特信息上。其中时间特征也在Bowman等（2012）的研究中得到验证。

Mesmer-Magnus等（2009）在信息共享与团队绩效关系的元分析中指出，信息共享与团队绩效的关系被信息共享的独特性或者开放程度、团队绩效标准、任务种类和讨论结构所调节。

另外，通过文献梳理发现的情境变量还有任务特征（Greitemeyer et al.，2006）、功能多样性（Xiao et al.，2016）、分离群体定位（Kolb et al.，2018）、群体结构和组成（Postmes et al.，2001）、成员特点（Cruz et al.，1999）、讨论程序（Savadori et al.，2001）。

第二节 团队认知的研究现状

一、团队认知的内涵

作为心理学的术语，认知被理解为认识，是知识或者信息的处理过程。它包括感知、表象、记忆、思维等。随着人们对认知心理学的深入研究，认知被应用到管理学领域，并被认为是管理者制定决策与行动的基础（Hambrick et al.，1984），会影响到个人感知、筛选和概念化信息的方式（Weick，1990），同时有助于管理者更好地理解和处理企业所处的复杂外部环境，且通过认知形成的认知表征，使管理者可以更加有效地将决策者所处环境信息简化（王学东 等，2011）。认知在管理学领域的应用最早起源于个体认知，个体认知被认为是个人选择、组织并解释信息输入，以创造一个关于这个世界有意义的图像过程（科特勒，2006），也被认为是人们依据自己的信念、规则和经验，对所获取信息进行解释和加工的过程（陈彦亮，2012）。由于个体认知存在着一定的局限性（高静美，2005），且相关学者指出个体认知形成了个体在群体中生活的行为（Loasby，1999），因此对个体认知的研究逐步转向以团队认知为主的研究。

对于团队认知的概念，国内外相关学者都进行了界定，但尚未形成统一的界定。DeChurch 等（2010）将团队认知界定为团队成员间基于一种相互接受和理解的方式对特定任务所需要的知识进行有效组织、表达或分配，使团队成员对该任务达成一种相似的认知状态。Hinsz 等（1997）认为团队认知是将团队整体看作信息处理的主体单元，团队整体实现对特定情景信息的关注、获取、编码、存储、检索与利用，既表现为一种认知状态（如共享心智模型、交互记忆系统），又表现为一种认知过程（基于团队成员间的互动沟通完成特定信息加工过程）。陈彦亮（2012）基于知识视角指出团队认知是处于特定组织情景下的团队成员凭借个体知识，在团队互动的基础上，通过认知协调实现团队知识共享与团队知识整合，并最终形成团队共同知识的过程。另外，有人将团队认知视为团队成员所具备的与团队功能相关的知识、技术、能力或其他特征，又或者是对外在事件的再现、展望和预测（Welens，1993），也有人将其当作团队集体知识结构，是影响团队表征、收集、共享与整合任务相关信息的一系列认知加工过程（Hu et al.，2018），抑或是团队内部成员之间个体隐性知识的内部交流过程（Nightingale，2005）。还有人将团队认知视为团队成员的共享心理活动，是团队成员在同他人及所处环境的互动过程中所形成的对特定问题或惯常实践的共有理解，它是一个持续演化的能力系统（吕洁等，2013），或是团队成员彼此间建立的共同语言、叙事方式以及对团队形成的共同价值（窦红宾等，2011）。虽然定义角度众多，但团队认知都是整个团队范围内共享的认知模式、知识结构或思维方式，能有效表征团队成员的心理活动。由于本书基于团队认知是团队知识共享的核心过程机制（王学东等，2011），从团队认知视角以交互记忆系统和共享心智模型为过程变量研究信息共享对团队决策绩效的正向影响，因此本书将团队认知界定为认知加工过程。

二、团队认知理论

团队认知理论源于社会认知理论。社会认知理论是在"刺激－反应"学习原理及认知学习论基础上发展起来的社会心理学理论，源于20世纪20～30年代德国心理学家K.考夫卡、W.克勒和M.魏特海默等创立的格式塔心理学，并由阿尔伯特·班杜拉提出，主要用来解释人是怎样在社会环境中学习的，主要关注人的信念、记忆、期望、动机以及自我强化等认知因素。该理论强调，个体可以通过自我调节主动地控制影响自己生活的事件，而不是被动地接受环境中发生的一切，另外个体可以通过自己对环境的反应对其有所控制。该理论的核心内容包括三元交互决定论、自我效能感、期望收益。其中三元交互决定论指出个体的特定行为是由个人因素（信念、期望、态度以及知识）、环境因素（资源、行为结果、他人、榜样以及物理设置）以及行为因素（个体的行动、选择以及口头陈述）三种要素交互决定的。自我效能感指个体对自己实现特定目标所需能力的信心，影响着个体的行为选择。期望收益是个体对特定行为潜在收益的评估。

近年来，随着认知心理学的兴起，逐渐出现和形成了一种新的团队认知研究理论。该团队认知理论认为团队成员的认知活动与他们的行为之间存在着因果关系，这些内在的思维活动和外部环境因素一起，决定着人们的行为。人的行为不但取决于外部因素，更取决于内部因素，人们有什么样的认知过程，就会有什么样的外部行为。一般团队认知需求高的人比较喜欢复杂的认知任务，会投入更多的认知努力，倾向于全面搜索和详细分析相关的材料，而团队认知需求低的人则倾向于尽可能少的思考，他们不愿意花费大量的时间和精力搜寻对决策有用的信息，在信息加工的过程中更加依赖常规性、规范性的信息（Leippe et al.，2004）。同时，该理论认为团队认知是一种活动，而不是属性或产品，团队认知应该在团队层面进行测量和研究，其与情境有着千丝万缕的联系（Cooke，Gorman，Myers et al.，2013）。通常社会认知理论主要用于个体层面的研究（周军杰，2016），不能有效解释团队层面的群体学习行为。要理解组织中团队如何学习，并有效协调个体行为，必须基于团队认知理论。团队认知理论在描述团队中个体共同的特征以及团队系统对个体的意义方面具有重要作用（Hodgkinson et al.，2008；鲍晓娜，2017）。另外，自从团队认知理论在组织科学中推广应用以来，大量的研究已验证了团队认知理论对团队绩效的重要性（Mesmer-Magnus et al.，2009；Lu et al，2012；Grand，Braun，Kuljanin，et al.，2016）。

三、团队认知的表征形式与测量

（一）团队认知的表征形式

有研究从状态和过程两大视角梳理了团队认知的表征形式（汤佳丽，2019）。基于认知状态角度，团队认知主要包括共同点（common ground）、共同理解（shared understanding）、集体思维（collective mind）、团队心智模型（team mental models）和分布式认知（distributed cognition）等（Akkerman et al.，2007；Cannon-Bowers et al.，2001）。基于认知过程角度，团队认知主要包括学习、计划、推理、决策、解决问题、记忆、设计和评估情景（陈彦亮，2012；汤佳丽，2019）。由于希望借助团队认知的一致认知及信息差异化记忆的功能，提高信息在团队决策中加工和利用效率及质量，因此本书主要基于团队认知的状态视角研究信息共享。而状态视角下团队认知的主要表征形式，且在知识共享领域应用最广泛的是共享心智模型和交互记忆系统两种构念（Nightingale，2005；王学东等，2011；汤佳丽，2019）。

自Wegner等（1985）首次提出交互记忆概念（有着密切关系的人用来编码、存储和检索知识的群体系统），交互记忆已在各个领域得到广泛研究和应用。交互记忆也从最初的亲密对偶之间发展到群体和组织，并演变为交互记忆系统。交互记忆系统被用以说明个人如何能依赖外部辅助工具（如书籍、工具或小组成员）来扩展个人记忆。Austin（2003）将交互记忆系统定义为个体成员知识的组合和对群体中其他成员所专长知识的知晓。Lewis（2003）则认为交互记忆系统是群体成员储存、检索和沟通信息的认知系统，以利用各自的交互记忆。Brandon 等（2004）则将交互记忆系统定义为不同领域信息的编码、储存、检索和沟通的认知分工系统。尽管不同学者基于不同视角给出了交互记忆系统的定义，但是可以确定的是，作为团队认知的重要构念，交互记忆系统是群体成员在相互作用过程中所构建的对不同知识领域信息进行编码、存储、检索的共享系统。

Cannon-bowers 等（1993）率先提出了共享心智模型（shared mental models）概念：团队成员所共同持有的知识结构，使他们对任务形成一致的解释和预期，进而协调他们的行动，并使他们的行动适应任务和彼此之间的需求。从其定义上看，共享心智模型有助于解释和预测团队成员行为，使团队成员协调和适应变化。Klimoski 等（1994）指出共享心智模型是团队成员共有的关于团队任务和关键要素有组织的系统理解和心理表征。共享心智模型也经常被称为共享知识、共享认知、共享理解和模式协议。"共享"指"有共同点"（Mohammed，2010），即团队成员彼此之间思维模式的一致程度（Cannon-bowers et al.，1993）。相似性、收敛性、一致性、共性、重叠性、兼容性和共识等术语都被用于描述"共享"（Mohammed，2010）。因此，共享心智模型就是团队成员拥有一致的心智模型或共享的知识，从而对任务工作和团队合作产生相同的预期（Kozlowski et al.，2006），这些相同的预期使团队能够协调并预测其他成员的行为和需求（Cooke et al.，2000）。

交互记忆系统和共享心智模型这两大构念，都不是独立存在的，两者共存于团队过程中，呈现对立协同的关系（Grand，Braun，Kuljanin，et al.，2016；薛会娟，2010；肖余春 等，2019）。大量研究表明，共享心智模型和交互记忆系统都是协调和优化团队知识、提高知识管理效率的重要手段（刘灿辉 等，2016；Ellis，2006；罗仕文，肖余春，2019，2020），在提高团队决策绩效上，两者缺一不可（Turner et al.，2014）。因此，本书将基于团队认知视角以交互记忆系统和共享心智模型为过程变量分析信息共享对团队决策绩效的正向影响，以下关于团队认知的相关研究也主要围绕交互记忆系统和共享心智模型这两大构念展开。

（二）交互记忆系统的测量

交互记忆系统的量表可以归纳为三类。一类是应用于实验的测量量表（Liang et al.，1995），主要通过回忆、观察行为、报道他人的专长的方法进行测量。一类是应用于现场研究的测量量表（Austin，2003；Faraj，Samer et al.，2000）。另外，还有一类同时被应用于实验和现场研究（Lewis，2003）。所有这些交互记忆系统的量表中，Lewis（2003）量表是引用最广泛的，其次是Faraj等（2000）的量表，再者是Austin（2003）的量表。具体的测量量表见表2-2。

表2-2 交互记忆系统测量研究汇总

提出者	测量项
Faraj et al., 2000	1. 专长定位（expertise location） （1）团队有一个关于每个成员技术和才能很好的"地图" （2）团队成员被分配到与其知识和技能相称的任务 （3）团队成员了解各自拥有的与任务相关的技能和知识 （4）团队成员知道谁拥有与其工作相关的专业技能和知识 2. 专长利用（bring expertise to bear） （1）我们团队的成员彼此分享他们的特殊知识和专长 （2）如果团队中有人对如何执行团队任务有特殊的了解，他或她不太可能告诉其他成员 （3）成员之间几乎没有信息交流或技能分享 （4）知识更丰富的团队成员免费为其他成员提供难以找到的知识或专业技能
Austin，2003	1. 知识储备（knowledge stock） 初步面谈以确定所有技能/知识领域。要求每个小组成员使用Likert-5量表评估自己以及其他成员在所有技能/知识领域上的能力 2. 专长的专业化（specialization of expertise） 计算每个成员被确定为专家的次数，每个成员的技能计数的标准偏差是该成员的知识专业化得分 3. 知识资源的共识（consensus about knowledge sources） 对于每项技能，写下你认为最权威团队成员的名字。对于每项技能，检查被称为最权威成员的频率，并将1分配给最常识别的专家，2分配给下一个最常识别的专家，依此类推。每项技能的标准差表明小组对鉴定该技能专家的共识 4. 知识识别的准确性（accuracy of knowledge identification） 自我报告专长得分（例如，人员B报告区域1中的技能水平为5）与已识别的专家分数（例如，人员A将人员B评为区域1中的专家）相关联，以创建每个人和技能的准确度分数（因此，人员A对区域1评估的准确度为5）。技能准确度分数为个人准确度分数的平均值

（续　表）

提出者	测量项
Lewis，2003	1. 专门化（specialization） （1）团队每名成员都具有与项目有关的知识 （2）我了解其他成员所不了解关于项目的某一方面信息 （3）每位团队成员各自拥有不同方面的专长 （4）团队中不同成员所具有的专长知识都是完成项目所需要的 （5）我了解团队成员各自在具体方面的专长 2. 可信性（credibility） （1）我能够愉悦地接受其他团队成员的建议 （2）我相信团队中其他成员掌握的有关项目的知识是可以信赖的 （3）我相信团队中其他成员在讨论中提出的信息是可靠的 （4）当其他成员提供了信息，我不会去怀疑 （5）我相信其他团队成员的专长 3. 协调性（coordination） （1）我们的团队能合作得很好 （2）我们团队对于该做什么很少产生误解 （3）我们团队很少需要对做过的工作重新返工 （4）我们能顺利且高效率地完成任务 （5）我们对于如何完成任务很少体会到混乱

资料来源：作者自行整理。

（三）共享心智模型的测量

目前共享心智模型的测量主要包括访谈法、内容分析法、卡片分类法、因果关系地图、配对评分法、规则树法、概念图法/概念映射法、路径搜索法，具体内容和优缺点如表2-3所示。

表2-3　共享心智模型的测量研究汇总

测量方法	主要内容	优缺点
访谈法	通过结构化或半结构化访谈方式搜集与被试的心理特征与行为相关的数据资料	优点：被试能自由表征他们的心智模型 缺点：过于依赖被试的主观解释
内容分析法	在认知访谈的基础上对访谈对象的言语或书面叙述进行系统分析，对重要的概念及其之间的关系进行编码，从而获得共享心智模型	优点：这种方法比较系统化，可以在事后再对内容进行分析 缺点：被试可能无法将所有的信息表达出来，心智模型的效度值得进一步检验

(续 表)

测量方法	主要内容	优缺点
卡片分类法	在卡片上列出所有与团队任务相关的概念。然后被试根据自己的知识结构将卡片进行归类。并询问被试分类的原因。最后,将卡片分类的结果用图形记录下来,形成心智模型	优点:便捷、易操作,同时结果直观 缺点:事先要能列出所有相关概念,否则不能准确表征
因果关系地图	这种方法首先由研究者通过任务分析总结出完成团队任务所必需的核心概念。然后两两配对,让被试判断两个概念间是否有关联,它们的关系是正向的还是负向的,强度如何。最后得到一个 $N \times N$ 的矩阵,N 代表概念的数量。矩阵的每个单元格代表了概念间的关系指标,最后用距离比率方程对这些指标进行计算	优点:能用定量的方法计算团队心理模型指标 缺点:不能区分概念间存在的间接关系
配对评分法	配对评分法源于联结记忆理论,研究者从一个概念库中选择一些相似或者有关联的概念,然后让被试评判每对概念之间相似或关联程度如何,用1~9评分,1表示一点也不相关,9表示高度相关。然后将得到的数据转化成一个相似性矩阵,再运用多维标度或路径搜索等方法分析得出相应指标	优点:对相似性的测量正好与共享心理模型的理论指标相一致 缺点:需要进行大量的重复比较,被试容易产生反应定式
规则树法	研究者给定被试一个概念,然后被试从这个概念开始,回忆相关的概念,直到说出全部概念为止。然后再换一个概念回忆,重复多次,最后用规则树的方式将全部概念之间的关系表示出来	优点:可以有组织、有层次地表征信息结构,最后能得到一个完整的心理模型表征 缺点:需要被试进行大量的记忆提取
概念图法/概念映射法	将某个主题的概念及其关系用图形化表示,是针对心理过程创建的图形表征	优点:便于将共享心智模型具体化,可信度高,也便于操作 缺点:将共享心智模型狭隘化了
路径搜索法	1985年美国新墨西哥州立大学计算研究实验室的领导人Schvaneveldt率领研究小组,根据语义网络理论和图形理论,研究发展出路径搜索量化规则,用来建构和分析知识结构	优点:能直观揭示成员的知识结构 缺点:理解困难,接受度低,应用范围有限

资料来源:作者自行整理。

四、信息共享对团队认知影响的研究

信息共享对团队认知的积极影响已在相关研究中得到证实(Kuljanin et al.,2016)。有人从个体层面指出了信息共享对交互记忆系统的影响。例如，Wegner（1995）描述了表面特征（如性别、年龄）、信息分配、信息展示以及角色或专业知识的明确指示会影响交互记忆系统的专长性；罗瑾琏等（2015）发现成员专长信息异质性与交互记忆系统显著相关。也有人从团队层面论证了信息共享对交互记忆系统的影响。例如，Xu（2005）和Kanawattanachai等（2007）就曾指出当团队成员就项目任务进行信息共享时，他们就可以了解各自的信息状况，从而促进交互记忆系统的形成。

Fiore等（2001）及Cannon-Bowers等（2013）在群体动态与共享心智模型形成关系研究中指出，群体成员主要基于信息共享掌握与任务要求相关的信息要素，从而消除因信息不对称造成的误解，达成认知上的一致，形成团队成员之间的共享心智模型。Luo等（2020）在研究中指出共同信息共享有利于团队成员之间共享心智模型的建立，从而提高团队绩效，并进一步指出独特信息共享与共享心智模型之间不存在显著相关性。另外，Volpe等（1998）发现并证实了接受交叉培训的团队更容易建立一致性程度更高的共享心智模型。而交叉培训的过程其实也是信息共享的过程。

五、团队认知对团队绩效影响的研究

（一）交互记忆系统对团队绩效影响的研究

Faraj等（2000）基于现场研究，发现团队成员对"谁知道什么"（团队专业知识位置的确认）的了解与团队绩效（工作质量、团队运营、达到项目目标的能力、达到设计目标的程度、项目完成时间和成本表征）有着积极的关联。Wang等（2018）考察了交互记忆系统如何作用于团队绩效，经过研究发现，交互记忆系统的三个维度不仅可以直接作用于团队绩效，还可以通过知识转移间接作用于团队绩效，只不过专门化和可信性比协调性影响更大。国内学者伍玉琴等（2010）在认知互依性对团队有效性（团队绩效、成员态度、成员行为）影响的研究中，指出认知互依性可以通过交互记忆系统的中介作用影响团队有效性。周晓东等（2014）随机抽取5个地区30个企业高管团队作为研究对象探索交互记忆系统对高管团队有效性的影响，研究表明只有交互记忆系统的专长维度对高管团队有效性有显著的正向作用。其他研究还将交互记忆系统与新产品成功、上市速度（Akgun et al.，2006）、银行平均资产回报率（Rau，2005）、客户服务质量

（Peltokorpi，2004）和创新绩效（Cao et al.，2018）等联系起来。

有的研究探讨了交互记忆系统对团队决策绩效的直接影响。例如，Ren等（2006）基于计算机模拟实验的方法，发现交互记忆系统可以有效协调成员之间信息检索，缩短群体对任务的反应时间，并通过提升信息合作和评估来提高团队决策质量。国内学者胡小玲（2016）在《创业团队异质性对团队创业决策的影响研究》一文中指出创业团队异质性主要通过影响交互记忆系统积极作用于团队创业决策。王传征等（2020）基于混合所有制改革科技型企业TMT（交互记忆系统）的301份有效问卷样本数据，分析TMT交互记忆系统对组织战略决策绩效的影响机制。研究结果发现：TMT对团队过程和决策绩效具有显著的正向影响，且这种正向影响受到团队自反性的有效调节，团队自反性程度越高，TMT交互记忆系统对战略决策绩效产生的影响效应就越强。

（二）共享心智模型对团队绩效影响的研究

Dechurch等（2010）对23项独立研究进行元分析，发现共享心智模型与团队绩效正相关，相关系数达到了0.288。在直接关系中，Mathieu等（2000）利用56对大学生"对偶"进行基于计算机飞行作战模拟系统的实验，以测试共享心智模型对团队绩效的影响。结果发现任务心智模型和团队心智模型都与团队绩效正相关。Lim等（2006）同样把共享心智模型划分为任务心智模型和团队心智模型之后，并利用71个行动团队进行了现场研究，证实了任务心智模型和团队心智模型的相似性与准确性都能正向影响团队绩效。另外，Stout等（2017）发现在动态的任务情境中共享心智模型有利于培养团队的情境感知，从而提高团队绩效。国内学者武欣等（2005）指出共享心智模型能正向作用于团队绩效、成员满意感、群体效能感、工作之外的友谊关系等结果变量。金杨华等（2006）将共享心智模型划分为认同式共享心智模型与分布式共享心智模型两个维度，并证实了共享心智模型的两个维度都能正向预测团队效能。白新文等（2011）在研究中指出共享心智模型为团队成员共同执行任务及互动提供了共同的知识储备和认知框架，帮助成员就团队的当前状态、任务情境、策略以及队友的行动和需求等形成一致的解释和预期，从而提高团队绩效。在间接关系中，Guchait等（2013）在研究团队认知与团队产出关系中发现团队共享心智模型通过团队参与积极作用于团队绩效。另外，也有研究证实了它们之间既存在直接关系又存在间接关系，例如Santos等（2015）利用161个团队共735个个体验证共享心智模型与团队有效性（团队绩效和满意度）的关系，结果发现共享心智模型不仅直接正向作用团队有效性，而且通过群体冲突和团队创造力间接作用于团队有效性。国内学者鲍晓娜（2017）在《交互记忆、共享心智对软件外包团队项目绩效影响研究》一文中，指出共享心智模型不仅能直接正向影响项目绩效，而且能通过知识边界间接正向作用于项目绩效。

也有文献直接研究共享心智模型对团队决策绩效的影响，并证实了它们之间的正相关性。CANNON-BOWERS（2001）在专家决策团队研究中指出当团队合作被概念化为共享心智模型时，它能提供一种有效的方法来理解复杂动态的现象，从而为团队决策提供一致的认知，提高团队决策质量。Amp（2003）在一项关于内隐心智模型紊乱对社区精神卫生团队共同决策影响的定性研究中，发现这些隐式心智模型对共享决策过程的影响主要通过评估各个实践者组（包括非正式护理者）之间以及临床遭遇期间从业者和患者之间存在的权力关系来解释。Yen等（2006）发现具有共享心智模型的群体能够有效预测他人的信息需求，积极有效地满足他们的信息需求，最终提高群体决策绩效。Vreede等（2013）探讨了共享心智模型与群体中一致决策的关系。结果发现，具有更高水平共享心智模型的团队达到了更高的一致决策水平。国内学者李凯（2013）基于高管团队指出在共享心智模型作用下团队成员能对团队任务形成正确的解释和预期，有利于正确团队决策的形成，并通过统计分析支持了共享心智模型对高管团队战略决策质量的正向影响，同时证实了共享心智模型在团队过程对战略决策质量的影响关系中存在显著中介作用。

第三节　团队冲突的研究现状

一、团队冲突的内涵

冲突是一种普遍存在于组织、群体及个体之间不可回避的自然现象。关于冲突的概念一直以来还没有得到完全的统一。但其概念的界定基本上基于两个角度：一是感知状态，一是群体过程。从感知状态角度，March等

(1958)将冲突定义为在决策制定过程中团队所体验到的方案选择的困境；Tedeschi 等（1971）将冲突定义为行动者之间的行为或目标在某种程度上对立的状态；Smith（1966）与 Tedeschi 等（1971）的观点类似，他将冲突定义为不同参与者的条件、实践或目标之间内在不一致的状态；Jehn（1995）及 Jehn 等（2001）都指出冲突是团队成员对于内部认知的差异、愿望不调和和目标不兼容的感知；也有人将冲突定义为感知到一方的利益或目标受到另一方的阻碍，且冲突的增加或减少取决于个人对自身利益或他人利益关切之间的平衡（Lewiski et al., 2010）。从群体过程角度，Mather 等（2001）将冲突视为一种认知讨价还价的过程；De Dreu 等（2003）则把冲突定义为由于真实或感知到的不一致而使团队成员之间产生紧张关系的团队过程；Robbins（1998）同样将冲突视为过程，认为冲突始于一方认为已经或者即将受到另一方的负面影响；罗宾斯（2008）则把冲突定义为个体或群体互动的过程，这种互动过程源于一方感觉到另一方对自己关心的事情会产生消极影响。

早期传统的冲突理论研究通常以消极的眼光看待冲突，认为冲突是有害的，如增加人际关系的紧张感，消耗参与者的精力，损害团队内部的协作，降低团队满意度和工作绩效（Pondy, 1967；James et al., 1995），应当尽量避免冲突。而现代冲突理论却将冲突视为一把"双刃剑"，认为适当的冲突是有益的，只要对冲突进行合理管理，冲突还是有成效的，并将冲突区分为功能性的任务冲突和非功能性的关系冲突。任务冲突可以增加团队对任务目标的讨论次数，为问题的解决集思广益，丰富团队成员的视野（戴佩华，2018；De Wit et al., 2012），而关系冲突则会引发成员间紧张的人际关系和对立的情绪，造成团队成员付出的浪费（Jehn, 1995；Amason, 1996；卫旭华等，2015）。因此，对于组织或群体来说，应采取措施保证任务冲突的优势作用，抑制关系冲突的消极影响。

二、团队冲突的维度与测量

早期研究大多将冲突作为单一维度的变量，片面地认为冲突有损组织或群体绩效。但随着冲突理论研究的不断深入，学者发现冲突对组织或群体存在不确定性，这与冲突的不同维度划分有着直接关联。

（一）团队冲突的两维划分

冲突最早被区分为实质性冲突和情感冲突（Guetzkow et al., 1954）。其中，实质性冲突是指对工作内容有不同看法导致的认知冲突，而情感冲突指的是人际关系紧张导致的冲突。Deutsch（1969）将冲突划分为建设性冲突和破坏性冲突。破坏性冲突指有关各方因其冲突动态对工作关系不满意而产生的冲突。建设性冲突则是有关各方因其冲突动态而对其工作关系产生分歧但感觉良好的冲突。Priem 等（1991）将冲突划分为社会冲突和认知冲突两个维度。社会冲突是指人际关系不和谐产生的冲突，而认知冲突是指由工作任务看法不一致引发的冲突。Witteman（1991）将冲突区分为有效冲突和无效冲突。有效冲突泛指团队成员内对工作任务想法的不一致，而无效冲突是针对人的冲突。又有研究将冲突区分为情感冲突与认知冲突（Amason et al., 1994）。认知冲突是功能性冲突，是指团队成员对于任务的不同观点所引发的冲突，是一种建设性冲突。情感冲突是非功能性冲突，是指负面情绪带来的彼此之间的情绪对立，是一种破坏性冲突。

（二）团队冲突的三维划分

Pondy（1967）把冲突分为关于稀缺资源的讨价还价冲突、上下级间控制与反控制的官僚冲突以及职能交叉中的系统冲突三种冲突。Pinkley（1990）将冲突区分为关系-任务维度、情感-理智维度与妥协-胜利维度。关系-任务维度中的关系是指难以解决的人际关系冲突，任务是在资产、金钱、工作与职业上的冲突。情感-理智维度中的情感是指在冲突中有较多情感的涉入，包含嫉妒、生气、受伤与挫折等感觉，理智是指在冲突中包含较多对实际情况的思考。妥协-胜利维度中妥协指在错误方案与正确方案选择上折中的冲突，胜利指一方获得利益而另一方必然承担损失带来的冲突。Jehn等（1997）及 De Dreu 等（2008）在关系冲突和任务冲突的基础上加入过程冲突。过程冲突是指对于职责分配和任务安排等如何完成任务的工作内容看法不兼容所产生的冲突。过程冲突也与工作任务有关，只不过任务冲突强调对工作任务的看法不一致，而过程冲突则突出对完成工作任务方式的看法不一致。研究也充分证明了这三维度划分的信效度都比较高。陈磊（2012）基于知识型团队决策过程将冲突分为自我冲突、差异性冲突和交互过程冲突。自我冲突主要指团队成员内心想法与行为不一致产生的冲突。差异性冲突指由于团队成员价值观、认识水平不相容引发的冲突。交互过程冲突专指团队成员交流讨论过程产生的冲突。

此外，Deutsch（1990）从组织层面将冲突分为自我冲突、人际冲突、群际冲突、组织间冲突和国家间冲突。Kilmann等（1978）把冲突分为外部事件（如威胁、侵犯等）、外部条件（如社会压力、规范等）、内部事件（如挫折、自我防御等）、内部条件（如激励、态度等）所造成的冲突。Rahim（2011）在传统的维度（任务冲突和关系冲突）分类基础上增加了两种维度，即转移性冲突和伪装性冲突。

从冲突的不同维度划分来看，不管是二维度还是三维度等，冲突不再被单一对待，也不再被纯粹地认为是有害的，有些冲突是必要的，也是有益于组织或群体的，比如任务冲突、认知冲突、实质性冲突、建设性冲突等；有些冲突是有害的，应该尽量避免，比如关系冲突、破坏性冲突、情感冲突、无效冲突。只有有效区分冲突不同维度并有效辨识冲突不同维度的功能，才能采取合理的冲突管理策略，使冲突服务于组织或群体。

（三）关系冲突的测量

虽然团队冲突可以划分为不同类型的冲突，但是本书基于团队冲突角度研究信息共享对团队决策绩效的负向作用，并考虑到诸多研究中也论证过信息共享能够通过关系冲突负向作用于团队绩效，因此本书中团队冲突主要界定为关系冲突维度。

Jehn（1995）开发了8题项的冲突量表（包括任务冲突和关系冲突两个维度）。其中任务冲突和关系冲突各4题项。关系冲突的4题项分别是"工作单元中成员之间有多少摩擦""工作单元中人格冲突有多明显""工作单元中成员之间紧张程度有多少"及"工作单元中成员之间有多大程度的怨恨"。Jehn（1995）所开发的冲突量表被证实具有良好的信效度，因此被广泛采用。

随着冲突理论研究的深入，关系冲突量表在Jehn的基础上进行了相应的改进。比如，刘璇（2016）基于中国情境开发了关系冲突的5题项量表，包括"团队成员存在着人际关系上的摩擦""团队成员经常因为个性差异引起各种冲突""团队成员间的人际关系总是很好""团队成员间情绪冲突发生频率很高""团队中的一些成员很显然不喜欢对方"。

也有研究在实验研究中开发出描述性量表测量关系冲突。比如，Hobman 等（2002）利用实验中出现的关系冲突次数来衡量关系冲突的激烈程度。国内学者戴佩华（2014）利用同样的办法表征关系冲突，并进一步指出关系冲突记录次数越多，关系冲突强度越大，且那些人身攻击性语言、蔑视性语言、粗鲁语言都被视为关系冲突。

三、团队冲突的相关研究

（一）信息共享与团队冲突的相关研究

信息共享与团队冲突的相关性已在诸多研究中得到证实。Eckerd 等（2018）在研究决定信息系统开发（ISD）成果的因素中指出信息共享既能直接作用于团队绩效，又能间接作用于团队绩效，其中集体效能和团队冲突在信息共享与团队绩效关系中起到中介作用。这说明信息共享能作用于团队冲突。Lee（2014）基于团队层面和个人层面指出信息共享活动之所以能作用于创造力，关键在于信息共享能收获团队冲突的好处，并使成员对团队保持高度信任。Griffith 等（2001）在研究传统、混合和虚拟团队的信息处理问题中指出信息多样化团队的信息共享可以通过团队冲突影响团队绩效，其中基于任务冲突正向影响团队绩效，基于关系冲突和过程冲突负向影响团队绩效。Tsai 等（2016）证实了在小组讨论过程中会涉及共同信息和独特信息的共享，这两种类型的信息共享带来任务冲突的同时会产生关系冲突，并表示任务冲突更多表现为辩论而不是分歧。Moye 等（2004）也在其研究中指出在群体形成早期阶段的信息共享过程中成员意见和观点的不同不仅会增加任务冲突，也会增加关系冲突，但是随着群体进入稳定期，群体成员之间会增进了解，提高相互之间的熟悉度，消除信息共享带来的关系冲突，更多表现为与任务完成相关的任务冲突。另外，也有研究直接指出信息共享会导致关系冲突。例如，Sherf 等（2018）指出信息共享可能会扰乱团队内部的人际关系，引发团队内部人际冲突；Darnon 等（2002）认为信息共享是一把"双刃剑"，在为团队决策提供所需信息的同时，会引发成员之间的不良情绪或人际紧张。

（二）关系冲突与团队绩效的相关研究

Amason（1996）发现关系冲突会导致团队成员的满意度、对其他团队成员的认同感及情感接受程度的降低，最终导致工作绩效下降。有研究指出关系冲突会引发团队成员的消极情绪，而消极情绪又会引发团队成员的非理性，当非理性出现时，团队成员的自我管理能力就会降低，最终导致任务无法按时完成，团队绩效下降（Langfred，2007）。Homan 等（2007）从信息加工理论的角度，指出关系冲突会通过自我社会归类降低信息深加工的深度，进而降低团队绩效。Dreu 等（2003）在团队冲突和团队绩效关系的元分析中指出关系冲突与团队绩效负相关，同时揭示了任务冲突与团队绩效负相关，只不过当任务冲突和关系冲突的相关性较弱时，任务冲突与团队绩效的负相关程度较低。国内学者陈晓红等（2010）在团队冲突、冲突管理与绩效关系的研究中发现冲突管理和冲突的交互作用对团队绩效的影响显著，竞争型冲突管理行为会导致关系冲突的增加，进而降低团队绩效，而合作型冲突管理行为和回避型冲突管理行为虽然会引发关系冲突，但是对团队绩效影响不显著。陈振娇等（2011）在关系冲突影响团队产出的中介机制研究中指出关系冲突对团队产出（团队绩效和团队学习）有负向作用，交互记忆系统在这一过程中发挥了部分中介作用。田立法等（2018）在团队冲突、冲突缓解、凝聚力与团队绩效关系研究中发现，关系冲突会通过团队凝聚力负向作用于团队绩效。

有人直接开展了关系冲突对团队决策绩效影响的研究。例如，Amason（1996）在一项针对食品加工企业48个高层管理团队的研究中发现，经历过关系冲突的团队的决策质量较低。因为当团队遇到关系冲突时，个人观点和技能的综合过程会减少。De Wit 等（2013）在关系冲突和信息共享的研究中，发现当团队成员遇到关系冲突时，与团队目标相关的信息共享会变得僵化，高质量决策所需的信息也会被保留或以一种偏颇的方式进行共享，进而影响团队决策质量。Jehn（1995）在对一家国际货运公司的调查中发现关系冲突在表现较差的群体中会造成困扰和敌意，并迫使成员退出群体。Simons 等（2000）在对100名美国酒店首席执行官的类似研究中发现，关系冲突降低了管理团队成员对团队的承诺和满意度。关系冲突对团队成员决策承诺的影响，是由关系冲突所造成的关系墙产生的实际后果。成员之间的关系墙会产生负面反应，破坏成员之间的信任和合作，并使成员丧失执行工作任务的信心，也会降低团队再次合作的可能性（De Dreu et al., 2003）。有研究指出关系冲突的强度和参与者过去的关系冲突经验，将是决定他们是否有能力和意愿留在团队中的一个决定因素，即使他们对团队的满意度降低了（Pinkley, 1990；丁君风等，2012）。另外，关系冲突会引发的负面情绪让成员彼此之间变得相互猜疑、不信任。在这种猜疑、不信任的气氛中，成员无心再去探究任务的内容、目标，参与积极性将受到极大影响。即使最终达成一致决策，成员心里对决策的认可度和支持度也会大打折扣（戴佩华，2018）。

第四节 团队决策的研究现状

一、团队决策的内涵

在经济全球化、信息化以及科技日新月异的背景下，组织所面临的决策环境更加复杂化和动态化。仅靠个人所拥有的信息是难以完成决策任务的，只有通过团队决策的方式才能充分利用团队成员所拥有的不同信息，从而做出更为有效的决策结果。团队的优势在于在决策过程中能够汇聚来自不同团队成员的信息，构建有效的信息池（Mesmer-Magnus et al., 2009），从而做出优于个人信息所支撑的决策方案。陈婷等（2016）也指出由于团队拥有多样化的信息资源，团队可做出较个体更高质量的团队决策。由于团队决策的优势，团队决策的理论研究越来越受到重视，团队决策研究也成为现代决策研究的主要内容之一。

团队决策实际上就是将团队成员获得的信息进行有效共享和充分利用的过程（Desanctis et al., 1985），或是指团队成员为了解决某一问题或完成某项指标而进行讨论并做出决策的过程（王鑫，2019），或是团队通过汇聚、整理、加工、整合和讨论信息等步骤最终达到决策结果的过程（黄鑫，2011），也是人们要从多种备选方案中选择最优的选项（Gilhooly, 1984），或团队成员知识、观点等相互碰撞的产物（石晓姣，2018）。团队决策具有以下特点：①团队决策过程具有动态性。②团队决策目标具有不确定性。不同成员对决策任务存在不同的解释，另外技术、市场、政策等的变化也会使团队的任务需求发生变化。③团队决策主体具有异质性。由于人口统计学特征、价值观、经验背景的差异，团队成员往往表现出异质性。④团队决策过程具有交互性。团队决策往往依赖团队成员的有效协作，决策质量也主要取决于团队成员之间的有效协作。

二、团队决策中的信息取样模型理论

信息取样模型是基于信息加工理论发展的主要群体决策模式之一。信息加工理论被认为是认知心理学的基本理论之一，也是认知发展研究中的一个主要流派。信息加工理论将人的大脑与计算机进行类比，把人脑看作类似计算机具有强大信息处理功能的信息加工系统，并认为人的认知过程其实就是对信息的处理和加工过程，这个过程主要涉及人如何选择和接收信息，如何编码和内化信息，以及如何利用这些信息指导自己的行为和服务决策方案等。

团队作为信息加工者的观点有一个核心假设前提，就是团队决策过程中信息共享的数量和质量会对团队决策绩效起到决定性的作用（Hinsz et al., 1997）。围绕这个核心假设，学者不断丰富信息共享与团队决策绩效关系的研究，先后出现了群思论、社会决策图式、多层次团队决策理论、信息取样模式等多种团队决策模型。虽然这些团队决策模型所研究的核心内容和侧重点有所不同，但一致认为信息共享的数量和质量与团队决策绩效正相关。由于涉及不同类型信息，因此本书主要偏重对信息取样模型的团队决策模式的讨论。

Stasser 等（1985）在群体决策研究中，首次把信息划分为两种不同类型信息：共同信息和独特信息，并提出了信息取样模型（information sampling model）。群体决策过程实际就是一个信息偏好的取样过程，群体成员根据事先回忆并在决策过程中提及某一信息时，就意味着某一信息取样发生了。他认为在群体讨论之前，群体成员所拥有的信息不同，也就是信息在群体成员之间分布不均，有些信息是团队成员所公共拥有的，有些信息是个别成员所拥有且不为其他成员所了解的，当单个成员拥有的个人信息无法支持决策方案时，就会出现信息偏差。Stasser 进一步通过实验方法发现在群体讨论过程中，群体在共同信息共享上会花较多的时间，而在独特信息共享上花的时间相对较少。

群体讨论的偏见取样模型（即相对于独特信息共享，群体更偏向于共同信息共享）可能是由几种机制导致的。一种可能来源于 Shiffett（1979）对独特资源和冗余资源的区分：接触某信息项的成员越多，其中至少有一个成员在决策讨论中回忆和提及该信息项的可能性就越大。用 Shiffett 的话来说，"两个或两个以上的人拥有同一资源的事实不会增加可用资源的总量，但确实会增加该资源被使用的可能性"。还有一种可能就是群体成员的起初偏好。群体成员可能倾向于支持或捍卫他们最初的偏好，因为共同信息可以影响所有成员的初始偏好，而独特信息只能影响一个成员的初始偏好。

但是，Stasser 也在最后讨论中指出如果一个群体由处于不同专业领域的成员组成，则增加独特信息共享可能对提高团队最终决策绩效非常关键。这在相关的研究中也得到了广泛的证实。Hollingshead（1996）曾指出在隐藏文件范式条件下，关键信息（最终导致问题解决的信息）在团队中分布不均，每个成员只拥有有效地解决问题的部分信息。那么利用不同成员的独特信息，团队可以扩展有效信息池，从而使群体做出优于个体的更高质量的决策方案。Mesmer-Magnus 等（2009）在元分析研究中发现利用不同成员个人信息，可以扩大为信息处理所用的知识库，从而提高团队任务决策绩效。Hollingshead 等 n（2010）还指出通过独特信息共享，团队成员能够建立起对任务和情境的共同理解，从而增进团队成员之间的内在协调，使团队能够就关键问题快速达成一致意见和解决方案，提高团队决策效率。另外，Luo 等（2020）也在研究中发现团队要取得高质量的决策结果，需要有效地交流并整合信息，特别是独特信息，只有这样才能对每个决策选项做出更加全面客观的判断。

三、团队决策中的社会验证理论

有研究认为与独特信息相比，共同信息更重要，是群体决策的决定性因素。目前对这一现象的主要解释大致有三种，第一种认为共同信息比独特信息对群体决策影响更大；第二种认为共同信息比独特信息更容易影响群体成员的初始偏好；第三种是关于信息的社会验证理论（social validation theory）。其中，社会验证理论是目前关于信息取样模型最核心的心理解释机制之一。社会验证理论起源于 Festinger（1954）提出的社会比较理论，在该理论中假定个人对其知识或观点的有效性、适用性或相关性感到不安全，而群体中的信息确认有助于克服这种不安全感。信息的确认指群体讨论过程中，所讨论信息的准确性和相关性都能得到群体成员的证实（Mojzisch et al.，2008）。

在群体讨论过程中，相较于独特信息，共同信息之所以能被反复提及或不断重复，关键原因在于共同信息的讨论能得到大家第一时间的验证，从而可以获得大家的信任，使大家都处于安全状态中，而独特信息为个体成员所有，共享过程中很难引起大家共鸣，被大家接受，容易使大家产生不安全感（Ferzandi et al., 2004）。Hinsz（1997）也在研究中指出个体成员没有向其他成员展示其个人信息的动机，是因为个体信息很难得到其他成员的验证，其正确性和可靠性无法保证，并且不利于获得他人的信任而被拒。另外，Stewart 等（1998）在研究中发现群体成员之所以不太愿意接受独特信息，是因为不仅需要付出额外努力将这些独特信息纳入现有信息中，也因为独特信息很难得到全体成员的一致验证，即使可以验证也往往需要花费较长时间。

社会验证理论主要应用于信息共享领域，并被认为是有利于提高决策绩效的有效心理解释机制。Wittenbaum 等（1999）发现，基于社会验证，群体成员更倾向共同信息共享而不是独特信息共享，并且这样有利于提高群体成员对群体任务的一致性评价。Boos 等（2013）也指出通过信息共享可以增强群体成员之间的信任感和凝聚力，提高群体决策的速度和质量，其主要原因是社会验证理论。Luo 等（2020）也在其研究中指出共同信息在社会验证的作用下有利于提高团队成员对任务的一致认知和准确评价，有助于团队成员了解更多的任务情境及关键要素，从而有效协调团队成员之间的行为，并最终提高团队决策绩效。

四、团队决策的维度与测量

团队决策绩效是对团队决策结果的综合有效评价（罗培，2012）。作为结果变量，团队决策绩效是多维度的，常用的测量指标包括决策质量、决策承诺、决策全面性、决策速度、决策公正性、决策满意度、决策结果认同度、决策理解程度等，可以归纳为直接结果范畴和非直接结果范畴两大维度。通常团队决策质量会被用来表征直接结果范畴，这在相关研究中已得到证实。为了全面系统地评价团队决策绩效，相关研究还会从非直接结果范畴表征团队决策绩效。而非直接结果范畴多采用团队决策承诺表征。本书也将从直接结果范畴和非直接结果范畴两方面来表征团队决策绩效，其中团队决策质量表征直接结果，团队决策承诺表征非直接结果。

（一）决策质量

决策质量在关于团队决策的相关研究中被当作团队决策绩效的主要评价指标之一。决策质量指组织特定决策方案对特定目标的贡献程度，它是有关团队决策者将成员不同观点与团队决策方案相结合能力和团队认知多样性的函数（Ho，1980），包括决策结果所产生的效果和价值（Korsgaar et al.，1995）。

通常用主观和客观标准评价决策质量。由于客观评价标准很难真正反映决策质量的好坏，因此主观评价往往最为有效。决策质量的主观评价一般有两种方式：问卷调查和实验研究。问卷调查因操作方便而被经常使用，其主要通过设计与组织关系或团队过程相契合的问题让参与者根据自己的体验选择合适的答案。例如，Amason（1996）所开发的决策质量量表具体包括"您对决策总的质量的看法是怎样的""相对于决策的原始意图，决策质量怎样""对于组织绩效的作用，决策质量怎样"三个题项。仇勇（2018）在团队断层如何影响团队决策质量的研究中，采用Janssen等（1999）开发的团队决策量表，共3个反向测量题项。研究者普遍认为实验研究在效果上好于问卷调查，因为实验研究可以通过实验控制精确地捕捉到成员在团队决策中的具体表现，测量的数据也更加准确。比如，Xiao等（2016）在新产品开发的实验中，用被试对两个备选方案的评价来衡量团队决策质量。也有使用客观评价标准的，比如戴佩华 等（2014）在其研究中利用团队对15样物品的排序与正确排序相比较的得分来表示团队决策质量。戴延君（2016）根据团队成员完成决策任务的情况，并比对事先的评分标准对各个团队完成的决策质量进行评分。

（二）决策承诺

在心理学领域"承诺"就是"一种个人对与其有联系的组织的态度或定位"。决策承诺指团队成员接受并同意执行团队战略决策方案的意愿（汪丽，2007）。对于团队来说，决策的效率和质量在一定程度上取决于成员之间的相互协作意愿和对决策的支持，如果得不到其他成员的协作和支持，就会造成决策执行的延误或破坏，并最终给组织带来不可估量的损失。汪丽等（2006）也在研究中通过实证研究证实了决策承诺会直接影响决策质量。

决策承诺的测量主要采取主观评价标准，常见的有 Dooley 等（1999）开发的 7 题项量表，包括"高层管理者会尽最大努力保证战略决策取得成功""高层管理者支持已制定的战略决策""在制定战略决策的过程中，董事会与高层管理者之间充分沟通""所有人相信，战略决策提高了公司效率""所有人相信，战略决策对企业实现目标有所帮助""所有人对战略性决策能否成功十分关注和在意""所有人对现有的决策不十分满意"。汪丽（2007）基于中国背景检验了该量表具有较高的可信度。还有戴佩华（2016）在 Wooldridge 等（1990）基础上翻译的量表，共计 4 个题项，包括"您个人对最终成为决策的方案非常支持""您非常相信最终决策会提高整个组织绩效""您非常关注和在意最终决策能否取得成功""最终决策和您个人的偏好非常一致"。

第五节　团队心理安全的研究现状

一、团队心理安全的内涵

心理安全研究源于 Schein 等（1965）对组织变革与学习的研究。他们认为心理安全对于让人们感到安全和改变自己的行为以应对不断变化的组织挑战至关重要，是组织学习和变革的关键性因素，因为在心理安全情境下，其能够减少人们感知到的威胁，消除人们改变自我的障碍，并能创造一种"鼓励临时尝试，容忍失败而不报复、放弃或内疚"的氛围。在后来的研究中，Schein（1993）还指出心理安全有助于人们克服结果与期望相矛盾时产生的学习焦虑，个人可以自由地关注集体目标，而不是自我保护。基于 Schein 等的研究，William 等（1990）提出了个体心理安全概念，即一种成员的主观感知，使成员能积极参与群体活动，自由地展现自我，而不必担忧此过程中人际冒险可能导致的人际或职业不利影响。Edmondson（1999）又在个体心理安全的基础上提出团队心理安全，认为团队心理安全是所有成员的一种共同信念，在彼此信任和尊重的基础上，团队成员敢于人际冒险积极表达个人的真实看法。同时，相关研究又在 Edmondson 研究基础上将心理安全延展到了组织层面。例如，Baer 等（2003）将心理安全定义为一种非正式的组织程序和规范，它鼓励并支持团队内部员工之间的开放沟通及彼此信任的互动。另外，Susan 等（2011）在一篇有关心理社区感的文章中指出，员工心理社区感包括情感安全、归属感、同事支持、精神联系、组织定位与诚实，其中情感安全、归属感、同事支持、精神联系的实质就是组织心理安全。

尽管心理安全得到来自不同层面的分析，但是这些分析不应该被视为相互竞争的观点，而是同一构念的互补观点。事实上，这些关于心理安全的构念都围绕一个原则：创造一个对人际风险感知最小化的工作场所。正如 Edmondson 等（2014）所指出的，数十年来围绕心理安全研究和分析的主题是它促进了想法和行动的自愿贡献。

二、团队心理安全的维度及测量

关于团队心理安全的测量，国外以 Edmondson（1999）和 Tynan（2005）的研究为主要典型，国内以吴志平等（2011）的研究为主。Edmondson（1999）通过观察、访谈、面试及会议等方式收集相关数据资料并开发了 7 题项的团队心理安全量表，主要包括"团队成员能够提出问题和强硬的观点""团队成员有时因为他人的与众不同而拒绝他们""如果你在团队中犯错误，经常会受到他人反对""在团队内承担风险是安全的"等题项。Tynan（2005）则从团队心理安全的两个维度（自我心理安全感和他人心理安全感）编制了 12 题项的团队心理安全量表，其中自我心理安全维度的题项主要包括"领导对我是善意的""领导真正在乎我""领导尊重我的能力"等 7 题项；他人心理安全维度的题项主要包括"领导需要他人支持他的想法""在某些方面，我感到自己在乎并担忧领导的感受""若领导受到批评，他会感到不愉快"等 5 题项。吴志平等（2011）则从直抒己见、互敬互重、人际冒险、彼此信任四个维度开发出 16 题项的团队心理安全量表，其中直抒己见维度的题项主要包括"团队成员能坦诚、直来直去地沟通""团队其他成员能提出尖锐的问题"等 4 题项；互敬互重维度的题项主要包括"团队成员会试着去了解别人的观点""团队成员间彼此敬重与相互欣赏"等 4 题项；人际冒险主要包括"团队成员向其他成员求助是一件困难的事""在这个团队中允许犯错误"等 4 题项；彼此信任维度的题项主要包括"团队成员相信彼此的工作能力""团队成员彼此相互信赖"等 4 题项。

三、团队心理安全的调节效应研究

心理安全在文献中经常被概念化，被认为在解释团队结果时具有直接或中介作用，然而心理安全可能会作为一个调节变量发挥更重要的作用（Frazier, Fainshmidt et al., 2017）。首先，有研究表明，心理安全对团队学习和创新的影响是复杂的，复杂关系受到潜在边界条件的影响（Edmondson, 2004）。心理安全可能会调节诸如目标明确性或学习需求与团队学习或绩效之间的关系（Edmondson, 2004）。其次，最近的研究强调了心理安全的调节作用（Gibson and Gibbs, 2006；Kirkman et al., 2013；Leroy et al., 2012）。这些研究探讨了心理安全如何调节团队多样性与团队创新或团队绩效之间的关系，使团队更容易通过公开对话和更尊重、更投入的互动来利用多样性的好处。

Gibson 等（2006）研究了心理安全的沟通环境在地理分散、电子依赖、动态结构和国家多样性虚拟团队中的作用。他们对来自不同组织、职能领域、行业和国家的 14 个团队的 177 名成员进行了访谈，对这些数据进行了定性分析，揭示了地理分布、电子依赖和国家多样性对创新的负面影响，并显示在一个心理安全的沟通环境中，可以减轻这些负面影响。

Kirkman 等（2013）对可能改变国家多样性与组织实践社区（OCOP）群体绩效之间关系强度的偶然因素感兴趣，并调查了心理安全和传播媒体丰富性。通过实证研究发现，国家多样性与组织实践社区群体绩效之间呈曲线关系，受心理安全和传播媒体丰富性的影响。在较高国家多样性水平上，心理安全增强了国家多样性与组织实践社区群体绩效之间的正相关关系，但在较低的国家多样性水平上，心理安全减弱了这两个变量之间的负相关关系。

Leroy 等（2012）调查了领导者在鼓励员工报告错误的同时执行安全协议的挑战。他们采用了一项两阶段的调查研究，包括 54 个护理团队，由比利时四家医院的 580 人组成。他们的分析表明，对于更高水平的团队心理安全而言，团队安全优先权与错误数量之间的关系更为密切，这表明遵守安全程序反映了员工对安全的真正关注，因为心理安全可以使员工放心地说出错误。

杨付等（2012）利用 75 个工作团队共 334 份问卷检验团队成员认知风

格对创新行为的影响，研究表明团队心理安全不仅对创新行为有直接正向作用，而且对学习型风格、创造型风格与创新行为的关系发挥着正向调节效应，但对计划型风格与创新行为关系未能发挥调节效应。

杨相玉等（2016）对120个研发团队共485个团队成员进行调查分析，结果表明，团队心理安全对个体学习目标取向、证明取向与个体知识共享关系都能起正向调节作用，而对个体回避取向与个体知识共享关系只起负向调节作用。

关于团队心理安全对信息共享的调节效应，Luo等（2020）通过实验方法已证实了团队心理安全对信息共享存在调节作用，但这种调节作用主要体现在独特信息共享方面，对共同信息共享没有显著性影响。同时，在相关的文献研究中这种关系已得到了证实。例如，Chen等（2013）在研究中发现团队心理安全情境能影响知识共享从而使交互记忆系统发挥作用。Kumar（2018）基于软件开发验证了团队凝聚力和心理安全对知识共享存在交互影响。Qian等（2020）基于一家物流公司32个团队的197名员工的问卷资料证实了团队心理安全气氛可以强化心理可用性对员工知识共享行为的影响。还有研究证实了在团队心理安全下团队成员认为人际关系是可以信任的，从而愿意向关系亲密的人提供知识，并降低对丧失竞争优势和暴露自己弱势的担忧，缓解捍卫自身利益的心理，减少知识隐藏行为（Cross，2004；曹洲涛等，2021）。

第六节 文献述评

对信息共享的研究由来已久，并取得了丰硕的成果，研究的内容主要包括信息共享的内涵、分类、前因变量及结果变量，其中最为重要的是对结果变量的研究，且结果变量对团队绩效的重要性已得到广泛证实，并被认为是团队绩效的关键性因素。关于信息共享对团队绩效影响的研究主要围绕信息共享"是否"以及"如何"影响团队绩效展开。在信息共享"是否"能影响团队绩效问题上，学术界已对信息共享单一维度下的研究结果基本达成共识，但是在区分不同类型信息共享的情况下研究结果却存在差异，有研究认同共同信息共享的作用而否定独特信息共享的作用，也有研究更赞同独特信息共享的功能而贬低共同信息共享的功能。在信息共享"如何"影响团队绩效问题上,学术界虽然进行了深入广泛的研究,但主要集中在信息共享作为单一维度变量的情况下,缺乏不同类型信息共享"如何"影响团队绩效的研究。另外,研究结果也存在较大分歧,未能得到一致结论。这也恰恰说明了本书的必要性和价值所在。

纵观以往团队认知理论、社会验证理论及信息取样模型理论及相关文献,还有待进一步研究的主要问题如下。

第一,以往文献更多关注信息共享对团队绩效正向作用的研究,缺少对负向作用的探讨,更缺少对正负向作用的同时研究。作为团队成员集体利用有效信息资源的核心过程,信息共享一直以来都被视为团队决策绩效的关键性因素。信息共享可以帮助团队成员了解其他成员的专长信息,以及更全面地了解任务相关要求和全面要素,克服有限信息带来的个人偏见(Let et al.,2018);帮助团队发现潜在的问题,探索更多的解决方案(Lee,Pauline,et al.,2011);提高团队内部协调性和减少过程损失(Andres,Zmud et al.,2002);增进团队的凝聚力和信任感等内在情感状态,提高团队的一致认知水平,进而提高决策的速度和内部一致性(Gupta et al.,2000);还可以帮助团队成员获得足够的信息以了解和适应团队任务的要求,从而提升团队的学习能力和灵活性,最终提高团队决策的效率和质量(Chae et al.,2016)。因此,大多数研究认可信息共享对团队绩效的正向作用。但是,也有研究发现信息共享对团队绩效存在负向作用,认为信息共享可能会扰乱团队内部的人际关系,引发团队内部人际冲突或关系冲突,导致团队绩效下降(Moye et al.,2004;Sinha et al.,2018)。由此可见,信息共享与团队绩效的关系是不确定的、复杂的(Shin et al.,2012),甚至有人把这种复杂关系比作"双刃剑"(Darnon et al.,2002)。

但是,很少研究对这种不确定性关系的内在作用机制进行有效探讨,且往往割裂对正负向作用进行研究,要么单独研究信息共享对团队绩效的正向作用,要么单独研究信息共享对团队绩效的负向作用,很少会同时探讨正负向作用的情况。这样会造成对信息共享研究的片面性,不能深入及全面地了解信息共享对团队绩效的影响。

第二,以往相关研究主要关注信息共享对团队绩效的直接作用,缺乏对过程机制的探讨,尤其缺乏对不同类型信息共享与团队绩效关系的过程机制探讨。直接作用只能说明信息共享能影响团队绩效,但是未能有效解释信息共享"如何"影响团队绩效。只有探讨信息共享与团队绩效的过程机制才能有效解释它们之间的"黑箱",从而全面系统地了解信息共享。尤其在信息共享与团队绩效关系存在不确定性的情况下(Shin et al., 2012; Darnon, Buchs et al., 2002),研究它们关系之间的过程机制,有利于厘清不确定性关系的原因,从而有效强化信息共享对团队绩效的正向作用,抑制信息共享对团队绩效的负向作用,真正发挥信息共享对团队绩效的优势作用。特别是在信息共享被区分为不同类型信息共享(共同信息共享与独特信息共享),且不同类型信息共享对团队绩效作用机制不同(Wang et al., 2020),甚至被认为对团队绩效影响结果不同(Mesmer-Magnus et al., 2009)的情况下,分析不同类型信息共享对团队绩效作用的过程机制,有利于真正了解和区别不同类型信息共享的作用,以及不同类型信息共享是如何影响团队绩效,从而发挥不同类型信息共享在团队绩效中的作用。

第三,以往相关文献大多基于"行为学"视角研究信息共享,鲜有从团队认知视角研究信息共享。"行为学"视角着重于信息共享的行为模式,即"谁从谁那里检索什么信息"(Morrison, 1993; Greitemeyer et al., 2006; Gershkov et al., 2016)。也有一些学者从社会网络的角度研究信息共享,并研究社会网络特征如何影响信息共享(Borgatti et al., 2003)。事实上,团队认知作为团队集体知识结构,是影响团队表征、收集、共享与整合任务相关的一系列认知加工过程,其水平决定了团队层面信息共享的质量,并最终决定团队绩效(Hu, Erdogan, Jiang, 2018)。根据社会验证理论(social validation theory),在团队决策过程中存在沟通风险,团队成员往往害怕自己所提供的信息得不到其他成员的认可和共鸣,不敢人际冒险随意提供自己的信息,只会根据他们对谁拥有什么信息的情况来分享信息。而且,团队认知被认为是团队绩效的有效驱动机制之一(Mesmer-Magnus et al., 2009)。另外,学者陈婷等(2016)也在其研究展望中指出,从团队认知视角研究信息共享,可以减少决策过程中信息共享的偏差,提高信息在团队中的有效加工和利用。由此可见,从团队认知视角探讨信息共享可以为信息共享研究提供新的视角,从而更深入地了解信息共享的作用机制。

第四,缺乏适合中国情境的信息共享研究。学者已从不同的角度探讨不同的情境因素对信息共享的影响,主要包括成员地位(Wittenbaum et al., 2001)、时间压力(Bowman et al., 2012)、事先告知(Stasser et al.,

2000)、沟通风格（严茜，2010)、团队关系冲突（戴佩华等，2014)、团队规模（秦辉等，2016)、时间限制（秦辉等，2016；Bowman et al.，2012)、任务特征（Greitemeyer et al.，2006)、功能多样性（Xiao et al.，2016)、分离群体定位（Kolb et al.，2018)、群体结构和组成（Postmes et al.，2001)、成员特点（Cruz et al.，1999)、讨论程序（Savadori et al.，2001)以及信息共享的独特性或者开放程度、团队绩效标准、任务种类和讨论结构（Mesmer-Magnus et al.，2009)。虽然研究涉及的方面也比较广，但是大多数还是以国外的情境条件为基础以及以国外的团队为研究对象。由于中西方文化价值观的差异，尤其是我国被认为是文化价值观特征鲜明的国家（比如较一般西方国家我国的权力距离要大），这些情境因素的调节效应未必相同。因此，以我国团队为研究对象，研究我国情境条件下信息共享的作用机制具有现实意义。

第五，缺乏从心理机制角度对信息共享进行研究。虽然学者从各个不同情境因素的角度研究信息共享，但是目前还鲜有文献从心理机制角度研究信息共享。有研究表明心理安全与信息共享之间存在显著性相关（Siemsen et al.，2009；Bunderson et al.，2010；Turner，2015；Xiao et al.，2020)。鉴于社会验证理论所导致的信息共享顾虑（Schauenburg et al.，2013)，以及信息共享过程中存在的沟通风险（Steenbruggen，Nijkamp et al.，2015)，团队成员会有意识地选择愿意共享的信息以及与其共享信息的人，而这种选择会在团队心理安全情境下表现得更自然（Wittenbaum et al.，2004)。团队心理安全作为团队成员的共享信念，能使成员自由地发表自己的看法和观点，有利于减少信息共享顾虑和沟通风险（Luo et al.，2020)。另外，团队心理安全作为一种非正式的组织程序和规范，有利于鼓励团队成员之间的开放性沟通及彼此信任的互动，消除因观点不一致导致的人际冲突（Baer et al.，2003)。因此，团队心理安全情境不仅可以鼓励团队成员之间的信息共享，为团队决策提供更多有益信息，而且可以消除信息共享过程中的人际摩擦或关系冲突，为成员之间的顺利沟通提供保障条件。这也意味着团队心理安全可能会增强信息共享对团队决策绩效的正向作用，抑制信息共享对团队决策绩效的负向作用。

第七节 本章小结

本章主要阐述了涉及的相关理论基础,并从内涵、分类与测量以及与团队绩效关系的相关研究等方面对信息共享(包括独特信息共享和共同信息共享)、团队认知(交互记忆系统与共享心智模型)、团队冲突(关系冲突)、团队心理安全、团队决策等变量的研究成果进行了梳理,且在文献梳理的基础上对相关变量进行了述评,以指出目前的研究现状以及未来可能的研究发展方向。

第三章 信息共享对团队决策绩效的双向作用路径研究

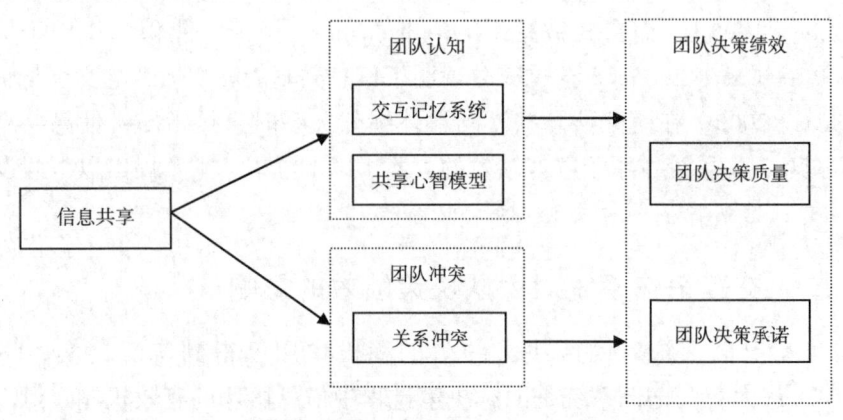

第三章 信息共享对团队决策绩效的双向作用路径研究

由于信息共享对团队决策绩效作用的不确定性，本章将利用双向作用路径方式构建信息共享对团队决策绩效作用的模型，以确定信息共享对团队决策绩效的正反向作用。正向作用基于团队认知路径，以交互记忆系统和共享心智模型为过程变量，负向作用基于团队冲突路径，以关系冲突作为过程变量，以此构建信息共享对团队决策绩效的双向作用路径模型（图3-1）。

归纳而言，本章将探讨以下两方面内容。①信息共享通过团队认知正向作用于团队决策绩效，包括信息共享通过交互记忆系统和共享心智模型正向作用于团队决策绩效的关系；②信息共享基于团队冲突负向作用于团队决策绩效，包括信息共享通过关系冲突负向作用于团队决策绩效的关系。

图 3-1 信息共享对团队决策绩效的双向作用路径模型

第一节 理论分析与研究假设

一、信息共享对交互记忆系统的影响

交互记忆系统是团队内部成员形成的相互依赖的，对不同知识领域的信息进行编码、存储、检索的合作分工系统（Brandon et al., 2004）。在 Lewis

（2003）的研究中交互记忆系统被划分为三个维度：专门化、可信性和协调性。过去关于交互记忆系统的研究表明信息共享是交互记忆系统建立的基础（Kanawattanachai et al., 2007）。作为团队成员集体利用有效信息资源的核心过程，信息共享可以帮助团队成员了解其他成员所在领域的个人信息，并据此进行信息的编码和加工，从而建立基于个人信息的目录，降低个人记忆负担或认知压力。共享的信息越准确，对其他成员的个人信息编码加工越能得到强化，个人专长信息目录越清晰，自然交互记忆系统的专门化程度也就越高（Kanawattanachai et al., 2007）。同时，信息共享是成员之间人际互动过程，在增进相互了解的基础上，可以增强团队成员之间的内在情感状态，比如信任（Jackson et al., 2008），使团队成员相信他人所提供信息的可靠性和准确性，有利于减少沟通协调的成本。另外，有研究表明频繁沟通有利于信息目录更新、信息分配和检索协调，而信息共享是团队沟通的主要方式（Savolainen et al., 2017），可见信息共享有利于交互记忆系统的建立及更新。信息共享还是团队成员在自愿前提下向他人自我披露个人信息的过程（Gigone，1993），而自我披露（self-disclosure）被证实能积极作用于信息目录更新（Xu，2005），这也充分说明了信息共享能够积极影响交互记忆系统。Xu（2005）在研究信息共享与群体绩效关系时直接指出，信息共享是基于交互记忆系统作用于群体绩效的。鉴于以上分析，本章提出以下假设：

H_1：信息共享正向预测交互记忆系统。

二、交互记忆系统对团队决策绩效的影响

交互记忆系统对团队决策绩效的积极作用已得到广泛证实。Lewis（2004）认为交互记忆系统是团队决策过程中信息协调的有效机制，可以帮助团队认识到不同成员个人信息的存在和最大化各自信息的价值，提高各自信息在团队决策过程中的利用效率，为提高最终决策方案的质量提供有效信息支持。Noroozi 等（2013）指出交互记忆系统能推动团队内部信息资源的优化配置，为决策任务提供异质性的信息，增强团队从不同角度处理问题的能力，降低决策失误，提高决策质量。Lewis 等（2011）也指出交互记忆系统作为由不同团队成员信息构成的知识网络，能提供给团队成员了解信息整体分布情况从而有效利用它的机会，为团队的科学决策提供集体智慧。交互记忆系统还能减轻团队成员的知识负担，提高信息在成员之间的协调速度，

帮助团队快速做出有效决策（Pullés et al., 2013）。Oshri 等（2008）在对跨地域软件开发项目进行案例研究时发现，基于交互记忆系统，团队可以减少不同地域间工作人员之间的误解，提高决策的准确性，最终提高软件的兼容性和完整性。Peltokorpi 等（2016）指出交互记忆系统之所以能提高团队决策质量，是因为它能激励团队成员承担各自在不同专业领域的责任，并有效共享他们与任务相关的专长信息。Whelan 等（2013）特别指出，对于知识密集型组织来说，与信息丰富相关的不利因素就是信息过载问题，交互记忆系统作为一个信息有效过滤器，可以帮助组织团体减少信息过载的可能性，提高有用信息的利用效率。国内学者胡小玲（2016）在创业团队异质性对团队创业决策的影响研究中，证实了创业团队异质性主要基于交互记忆系统积极作用于团队创业决策。

通过交互记忆系统，团队成员能了解其他成员所拥有的个人信息，对决策任务的关键要素和任务背景等因素也有更深入的了解，并基于信任基础，能随时协调利用决策任务所需要的信息。这不仅能提高决策质量，而且能增强团队成员对决策的承诺。在信息协调利用过程中，团队成员都能意识到自己个人信息对于团队决策任务的重要性，有利于增强其执行决策任务的主人翁意识，提高其参与的积极性，并愿意就决策的执行提供更多的支持，推动决策方案的有效实施（戴佩华，2016）。鉴于以上分析，本章提出以下假设：

H_2：交互记忆系统正向预测团队决策绩效。

H_{2a}：交互记忆系统正向预测团队决策质量。

H_{2b}：交互记忆系统正向预测团队决策承诺。

三、信息共享对共享心智模型的影响

共享心智模型被定义为对同事、设备、任务要素的共同认知，是团队成员共同拥有的知识结构框架（Cannon-Bowers et al., 1993）。在团队决策过程中，通过信息共享，团队成员可以了解除自身个人信息外关于任务及关键要素的其他信息，建立起对情境和任务的共同理解，形成团队一致的认知结构，提高团队的一致认知水平（Hollingshead, 1996）。Sperling（2005）基于实验方法指出要提高复杂环境中的团队绩效，关键在于利用有效信息共享策略，为每个团队成员提供一个更准确的与任务相关的共享心智模型，以使他们适应复杂的环境。Weller 等（2014）在一项随机对照实验中发现信息

共享之所以能在紧急状态下解决团队成员之间的沟通协调问题，关键在于信息共享能使团队内部建立有效共享心智模型，使团队成员的行为保持一致。陈婷等（2016）指出在信息共享过程中，团队成员将个人信息纳入讨论并与他人共享，能增进成员之间的熟悉度，增加对团队情境和任务的认知，尤其是关键要素的认知，从而形成一致的认知结构。王敏等（2017）认为团队有效沟通能提升团队共享心智模型。而信息共享是团队沟通的主要形式，可见信息共享能促进共享心智模型的形成。同时，共享心智模型是团队成员个体之间、个体与团队之间知识和信念相互作用和转化的结果（许红军等，2015），而信息共享是知识在团队内部相互转移及作用的过程（Turner，Chen et al., 2014），从此角度看信息共享有助于共享心智模型的形成。鉴于以上分析，本章提出以下假设：

H_3：信息共享正向预测共享心智模型。

四、共享心智模型对团队决策绩效的影响

共享心智模型作为团队认知的主要构念，对团队的重要性已得到广泛验证。Cannon-Bowers 等（1990）在研究中发现共享心智模型能使团队成员行动保持协调一致，减少外界不利因素的干扰，从而提高团队决策质量。共享心智模型是团队成员对团队情境和任务要素的一致认知，当团队拥有一致认知模式时，团队内部协调成本会更低，沟通会更加有效，在关键问题上的决策能够快速达成一致，从而提升团队的整体效能（Jimenez-Rodriguez, 2012）。Maynard 等（2014）也在研究中指出共享心智模型可以使团队成员建立互补的认知模式，从而进行准确预测，理解任务要求，协调成员行为，更快地制定适当的行动方针，最终提高团队决策质量。Bußwolder 等（2014）通过实验方法验证了在复杂任务情景下共享心智模型能提高团队成员的学习能力和适应能力，帮助团队选择更明智的决策方案。国内学者许红军等（2015）也发现当团队拥有共享心智模型时，团队成员就能对团队情境和任务要素形成相似的理解和判断，并以相似的方式做出合理的决策方案，并恰当执行，最终提高团队决策绩效。另外，施启胜等（2009）将共享心智模型划分为任务型知识共享（关于任务或与企业最相关事件的看法）和团队型知识共享（关于团队成员互动方式的看法），这两者都能积极影响团队决策。其中，任务型知识共享会影响团队内部对外部环境的理解，通过相互启发提

高决策效率。而团队型知识共享会影响到团队成员对其他成员的性格、脾性、对事件的态度及其他内隐知识的了解，从而增加共识，减少对潜在假设和目标的重复性讨论，最终提高决策质量。

共享心智模型在提高团队决策质量的同时能提高团队决策承诺。已有研究指出，拥有共享心智模式的团队能促进成员之间的沟通协调，减少成员之间的冲突，密切成员之间的合作关系，指导团队成员围绕团队决策任务目标保持行动一致，保证团队决策任务得到有效实施（Boies et al，2018）。Vreede（2012）也发现拥有较高水平共享心智模型的团队，能达成较高水平的共识。在共识一致情况下，团队成员能做出较高水平的决策承诺，使团队决策任务得到有效执行。鉴于以上分析，本章提出以下假设：

H_4：共享心智模型正向预测团队决策绩效。

H_{4a}：共享心智模型正向预测团队决策质量。

H_{4b}：共享心智模型正向预测团队决策承诺。

五、信息共享对关系冲突的影响

信息共享可能是一把双刃剑，在为团队决策提供所需信息的同时，可能由于信息异质性使团队成员在关键问题的决策上难以达成一致，从而导致团队成员之间的不良情绪或人际紧张关系（Darnon et al，2002）。而不良情绪或人际紧张关系正是关系冲突的重要内容表征（戴佩华，2016）。可见信息共享可能会造成团队关系的冲突。在团队信息共享过程中，由于供团队决策所需的信息并不为单一成员所拥有，而是在团队成员之间呈不均匀分布状态。这也意味着信息在团队内部呈现多样性。信息的多样性可以为团队创造性地解决各种问题带来有效的信息池，但也降低了团队凝聚力和增加了团队关系冲突（Pelled，1996）。Griffith 等（2001）也指出，对于团队来说太低多样性和太高多样性都只会导致低的决策绩效。太低多样性容易造成群体思维，不利于问题的解决，太高多样性意味着异质性强，可能引发团队成员之间的关系冲突，从而对关键问题的决策方案很难达成统一。信息多样化在导致任务冲突的同时，带来了关系冲突。Carsten 等（2001）指出只要存在团队协作，团队成员个体上的差异必然会导致他们人际关系上的冲突。有研究直接指出信息共享可能会扰乱团队内的人际关系，引发团队人际冲突，导致团队绩效下降（Sherf，Sinha，Tangirala，2018）。国内学者严茜（2010）也认为在团队信息交互过程中会存在团队成员信息多样化带来的复杂问题，例如团队内部沟通的失效，团队凝聚力的降低，以及团队关系冲突的增加。鉴于以上分析，本章提出以下假设：

H_5：信息共享正向预测关系冲突。

六、关系冲突对团队决策绩效的影响

团队冲突常被划分为任务冲突和关系冲突（戴佩华，2016）。与任务冲突不同的是，关系冲突是关于个人品位、政治偏好、价值观和人际风格的冲突（De Dreu et al，2003）。诸多研究表明关系冲突有损团队决策绩效。关系冲突会限制团队的信息处理能力，因为关系冲突会使团队成员将时间和精力消耗在彼此身上，而不是团队的决策任务相关问题的解决上（De Dreu et al，2003）。陈帅（2016）认为关系冲突会造成团队内部的社会认同或社会分类过程，导致团队内部断裂带的出现，引发团队成员之间的消极互动，并阻碍团队的信息加工，从这个角度看，关系冲突会削弱团队决策质量。从情感性社会交换理论角度看，团队成员在关系冲突中产生的消极情感会阻碍成员间的社会交换和人际互动，不利于团队中的信息流动以及互动机制的形成，而信息流动和社会互动恰恰是团队决策的重要基础（赵可汗等，2014）。戴佩华（2016）还指出关系冲突会引发团队成员的负面情绪，比如相互猜疑、不信任。在这种相互猜疑、不信任的氛围中，成员的主要精力会被非任务性事务分散而不会专心研究任务，最终很难就团队任务达成一致决策结果。Chen等（2011）还通过实验的方法，证实关系冲突负向作用于决策质量。

关系冲突不仅负向作用于团队决策质量，而且负向作用于团队决策承诺。因为关系冲突会引发负面情绪和紧张关系，使团队成员难以获得彼此的信任，参与团队决策的积极性也会受到影响，对决策方案的支持和认可自然会受到影响。有研究指出关系冲突会降低团队成员的满意度和承诺，导致决策方案的执行力下降（Jehn et al.，1997；Jehn et al，2001）。还有研究直接证实关系冲突会造成团队决策承诺的降低（Simons et al，2000；De Dreu et al，2003）。鉴于以上分析，本章提出以下假设：

H_6：关系冲突负向预测团队决策绩效。

H_{6a}：关系冲突负向预测团队决策质量。

H_{6b}：关系冲突负向预测团队决策承诺。

第二节 研究假设汇总

根据以上的理论分析,对研究假设进行汇总,具体见表3-1。其中假设H_1和假设H_2是验证信息共享是否通过交互记忆系统正向作用于团队决策绩效的。假设H_3和假设H_4是验证信息共享是否通过共享心智模型正向作用于团队决策绩效的。假设H_5和假设H_6是验证信息共享是否通过关系冲突负向作用于团队决策绩效的。假设H_1、假设H_2、假设H_3和假设H_4基于团队认知路径,而假设H_5和假设H_6基于团队冲突路径。

表3-1 本章研究假设汇总

序号		研究假设
H_1		信息共享正向预测交互记忆系统
H_2	H_{2a}	交互记忆系统正向预测团队决策质量
	H_{2b}	交互记忆系统正向预测团队决策承诺
H_3		信息共享正向预测共享心智模型
H_4	H_{4a}	共享心智模型正向预测团队决策质量
	H_{4b}	共享心智模型正向预测团队决策承诺
H_5		信息共享正向预测关系冲突
H_6	H_{6a}	关系冲突负向预测团队决策质量
	H_{6b}	关系冲突负向预测团队决策承诺

第三节 研究设计

一、样本与数据收集

本书采取问卷调查法,问卷数据来源于浙江和江西两地共计83家企业,主要涉及高新技术(21家)、电子信息(16家)、软件开发(13家)、服装服饰加工(20家)、跨境贸易(13家)等行业。由于研究探讨信息共享问题,因此以公司内信息共享相对频繁的技术团队为问卷发放单位,问卷的发放得到各个调研企业高层的大力支持。本次调研发放325份问卷(83个团队),回收问卷292份(79个团队),剔除数据不完整或有明显问题的团队问卷,有效问卷为271份(74个团队),有效回收率为83.38%。

对问卷数据进行统计分析（表3-2），发现调研对象男性162人，占比59.78%；女性109人，占比40.22%。硕士及以上学历97人，占比35.79%；本科124人，占比45.76%；专科及以下50人，占比18.45%。企业工作年限5年以上63人，占比23.25%；工作年限3~5年102人，占比37.64%；工作年限1~3年68人，占比25.09%；工作年限1年以下的38人，占比14.02%。团队规模10人以上的3个，占比4.05%；团队规模5~10人的16个，占比21.62%；团队规模5人以下的55个，占比74.33%。存续时间6个月以下的团队12个，占比16.21%；6个月到12个月的17个，占比22.97%；12个月以上的45个，占比60.82%。所有团队中企业性质为国有（控股）企业的9个，占比12.16%；民营（控股）企业58个，占比78.38%；外资（控股）企业7个，占比9.46%。

表3-2 被调查者的基本信息统计

统计内容	测量编码	内容	样本数	所占比例
性别	1	男	162	59.78%
	2	女	109	40.22%
学历	1	硕士及以上	97	35.79%
	2	本科	124	45.76%
	3	专科及以下	50	18.45%
工作年限	1	5年以上	63	23.25%
	2	3~5年	102	37.64%
	3	1~3年	68	25.09%
	4	1年以下	38	14.02%
团队规模	1	10人以上	3	4.05%
	2	5~10人	16	21.62%
	3	5人以下	55	74.33%
团队存续时间	1	6个月及以下	12	16.21%
	2	6~12个月	17	22.97%
	3	12个月以上	45	60.82%
企业性质	1	国有（控股）企业	9	12.16%
	2	民营（控股）企业	58	78.38%
	3	外资（控股）企业	7	9.46%

第三章 信息共享对团队决策绩效的双向作用路径研究

二、变量测量

（一）信息共享的测量

本章采用Bunderson等（2002）开发的信息共享量表，总共3个题项，具体见表3-3。题项采用Likert-5计分法（1="完全不同意"到5="完全同意"）（以下变量的测量同样采用Likert-5计分法）。

表3-3 信息共享的测量

编号	题项
IS_1	团队决策中信息可以自由共享
IS_2	我们对影响业务的关键问题始终保持知情
IS_3	我们努力使彼此了解活动的最新信息

（二）交互记忆系统的测量

张志学等（2006）根据Lewis等（2003）的研究成果并结合中国情境改进的交互记忆系统量表被广泛应用，本章采用该量表，共计15个题项，具体见表3-4。

表3-4 交互记忆系统的测量

编号	题项
TMS_1	团队中的每名成员都具有与项目有关的信息
TMS_2	我了解其他成员所不了解的关于项目的某一方面信息
TMS_3	每位团队成员各自拥有不同方面的专长
TMS_4	团队中不同的成员所具有的专门知识都是完成项目所需要的
TMS_5	我了解团队成员各自在具体方面的专长
TMS_6	我能够愉悦地接受其他团队成员的建议
TMS_7	我相信团队中其他成员掌握的有关项目的知识是可以信赖的
TMS_8	我相信团队中其他成员在讨论中提出的信息是可靠的

（续　表）

编号	题项
TMS_9	当其他成员提供了信息，我不会去怀疑
TMS_{10}	我相信其他团队成员的专长
TMS_{11}	团队能够合作得很好
TMS_{12}	团队对于该做什么很少产生误解
TMS_{13}	团队很少需要回头对已经做过的工作重新返工
TMS_{14}	能够顺利且高效率地完成任务
TMS_{15}	对于如何完成任务很少体会到混乱

（三）共享心智模型的测量

本章采用国内学者王黎萤等（2010）开发的共享心智模型量表，共计16个题项，具体见表3-5。

表3-5　共享心智模型的测量

编号	题项
SMM_1	我们清楚团队目标和项目整体目标的关系
SMM_2	我们清楚获取外协单位信息或资源支持的意义和作用
SMM_3	我们对项目的重要事物（如关键技术）具有共识
SMM_4	我们对项目运作的规范具有共识
SMM_5	我们对设备使用规程等具有共识
SMM_6	我们认为获取组织内外资源对团队创造活动很重要
SMM_7	我们认为领导和同事支持对团队创造活动非常重要
SMM_8	我们彼此了解对方具有的与任务有关的专长
SMM_9	我们彼此了解对方的个性与行事风格
SMM_{10}	我们彼此了解对方承担的任务角色
SMM_{11}	我们对于该做什么很少产生误解

第三章 信息共享对团队决策绩效的双向作用路径研究

（续 表）

编 号	题 项
SMM_{12}	我们具有的专门知识都是完成任务所需要的
SMM_{13}	我们自由地分享彼此的想法、感受和希望
SMM_{14}	我们掌握的有关项目知识是可以信赖的
SMM_{15}	我们知道不同的方法和渠道来协同我们的工作
SMM_{16}	我们彼此相信在讨论中提出的信息是可靠的

（四）关系冲突的测量

关系冲突量表以 Jehn（1995）开发的最为经典，应用也最为广泛，因此本章采用该量表，共计 4 个题项，具体见表 3-6。

表3-6 关系冲突的测量

编 号	题 项
RC_1	我们之间有很多摩擦
RC_2	我们之间的性格冲突很明显
RC_3	我们之间关系很紧张
RC_4	我们之间的情绪冲突频繁

（五）团队决策绩效的测量

与大多数团队决策研究一致，本章也采用直接结果范畴和非直接结果范畴来表征团队决策绩效。其中，直接结果范畴用团队决策质量表示，非直接结果范畴用团队决策承诺表示。

本章采用 Amason（1996）开发的团队决策量表中的决策质量维度测量团队决策质量，共计 3 个题项，具体见表 3-7。

表3-7 团队决策质量的测量

编 号	题 项
TDQ_1	您对决策总的质量的看法是怎样的
TDQ_2	相对于决策的原始意图，决策质量怎样
TDQ_3	对于组织绩效的作用，决策质量怎样

关于团队决策承诺的测量，本章采用戴佩华（2016）在 Wooldridge 等（1990）基础上翻译的量表，共计 4 个题项，具体见表3-8。

表3-8　团队决策承诺的测量

编号	题项
TDC_1	您个人对最终成为决策的方案非常支持
TDC_2	最终决策和您个人的偏好非常一致
TDC_3	您非常相信最终决策会提高整个组织绩效
TDC_4	您非常关注和在意最终决策能否取得成功

三、信效度分析

（一）信度分析

信度（reliability）即可靠性，指测量数据的可靠程度。信度系数越高，表示该测验的结果越一致、稳定与可靠。本章利用 SPSS 23.0 统计软件对涉及变量进行信度分析。分析的指标有三个：校正的项总计相关性、项已删除的 Cronbach's α 系数、Cronbach's α 系数。校正的项总计相关性，也称 CITC 值，通常数值大于 0.4 即说明某题项与另外题项间有着较高的相关性。项已删除的 Cronbach's α 系数表示删除某变量的 1 个题项后，剩余题项的信度系数。Cronbach's α 系数是内部一致性系数，也称信度系数，其数值一般大于 0.7 即可。

1. 信息共享

如表 3-9 所示，信息共享所有题项的 CITC 值均大于 0.4，这表明题项之间有较高的相关性。从项已删除的 Cronbach's α 系数也可以判断，删除任何项，信息共享量表的 Cronbach's α 系数不会有明显的改变。另外，Cronbach's α 系数为 0.873，表明信息共享量表有良好的内部一致性。

表3-9　信息共享的信度分析

题项	校正的项总计相关性（CITC）	项已删除的 Cronbach's α 系数	Cronbach's α 系数
IS_1	0.807	0.832	0.873
IS_2	0.815	0.829	
IS_3	0.795	0.825	

2. 交互记忆系统

如表3-10所示，交互记忆系统所有题项的CITC值均大于0.4，这表明题项之间有较高的相关性。从项已删除的Cronbach's α 系数也可以判断，删除任何题项，交互记忆系统量表的Cronbach's α 系数不会有明显的改变。另外，Cronbach's α 系数为0.770，表明交互记忆系统量表有良好的内部一致性。

表3-10 交互记忆系统的信度分析

题 项	校正的项总计相关性（CITC）	项已删除的Cronbach's α 系数	Cronbach's α 系数
TMS_1	0.627	0.761	0.770
TMS_2	0.610	0.762	
TMS_3	0.525	0.768	
TMS_4	0.561	0.775	
TMS_5	0.659	0.758	
TMS_6	0.644	0.759	
TMS_7	0.667	0.748	
TMS_8	0.605	0.754	
TMS_9	0.662	0.748	
TMS_{10}	0.627	0.752	
TMS_{11}	0.700	0.746	
TMS_{12}	0.694	0.755	
TMS_{13}	0.705	0.754	
TMS_{14}	0.692	0.746	
TMS_{15}	0.620	0.762	

3. 共享心智模型

如表3-11所示，共享心智模型所有题项的CITC值均大于0.4，这表明题项之间有较高的相关性。从项已删除的Cronbach's α 系数也可以判断，删除任何题项，共享心智模型量表的Cronbach's α 系数不会有明显的改变。另外，Cronbach's α 系数为0.841，表明共享心智模型量表有良好的内部一致性。

表3-11 共享心智模型的信度分析

题 项	校正的项总计相关性（CITC）	项已删除的Cronbach's α系数	Cronbach's α系数
SMM_1	0.741	0.827	
SMM_2	0.734	0.828	
SMM_3	0.718	0.830	
SMM_4	0.711	0.803	
SMM_5	0.736	0.828	
SMM_6	0.733	0.830	
SMM_7	0.724	0.830	
SMM_8	0.761	0.825	
SMM_9	0.706	0.853	0.841
SMM_{10}	0.717	0.817	
SMM_{11}	0.719	0.833	
SMM_{12}	0.731	0.818	
SMM_{13}	0.745	0.812	
SMM_{14}	0.721	0.817	
SMM_{15}	0.756	0.834	
SMM_{16}	0.750	0.826	

4. 关系冲突

如表3-12所示，所有题项的CITC值均大于0.4，这表明题项之间有较高的相关性。从项已删除的Cronbach's α系数也可以判断，删除任何题项，关系冲突量表的Cronbach's α系数不会有明显的改变。另外，Cronbach's α系数为0.793，表明关系冲突量表具有良好的内部一致性。

表3-12 关系冲突的信度分析

题 项	校正的项总计相关性（CITC）	项已删除的Cronbach's α系数	Cronbach's α系数
RC_1	0.733	0.791	
RC_2	0.757	0.784	0.793
RC_3	0.717	0.818	
RC_4	0.726	0.809	

5. 团队决策质量

如表 3-13 所示，团队决策质量所有题项的 CITC 值均大于 0.4，这表明题项之间有较高的相关性。从项已删除的 Cronbach's α 系数也可以判断，删除任何题项，团队决策质量量表的 Cronbach's α 系数不会有明显的改变。另外，Cronbach's α 系数为 0.746，表明团队决策质量量表具有良好的内部一致性。

表3-13 团队决策质量的信度分析

题 项	校正的项总计相关性（CITC）	项已删除的 Cronbach's α 系数	Cronbach's α 系数
TDQ_1	0.739	0.774	
TDQ_2	0.749	0.740	0.746
TDQ_3	0.795	0.747	

6. 团队决策承诺

如表 3-14 所示，团队决策承诺所有题项的 CITC 值均大于 0.4，这表明题项之间有较高的相关性。从项已删除的 Cronbach's α 系数也可以判断，删除任何题项，团队决策承诺量表的 Cronbach's α 系数不会有明显的改变。另外，Cronbach's α 系数为 0.767，表明团队决策承诺量表具有良好的内部一致性。

表3-14 团队决策承诺的信度分析

题 项	校正的项总计相关性（CITC）	项已删除的 Cronbach's α 系数	Cronbach's α 系数
TDC_1	0.702	0.763	
TDC_2	0.698	0.758	0.767
TDC_3	0.697	0.761	
TDC_4	0.653	0.749	

（二）效度分析

效度（validity）是指测量结果与测量对象的吻合程度，测量结果与测量对象越吻合，效度越高；反之，效度越低。

1. 内容效度

采取 SPSS 23.0 对本章中的各个变量进行探索性因子分析以确定其内容效度。如表 3-15 所示，各变量的 KMO 系数都大于 0.70，因此都适合进行探索性因子分析。同时，各变量主成分的累积解释率都超过了50%。由此可见，本章中各变量内容效度良好。

表3-15 探索性因子分析结果

变量	KMO系数	Bartlett's球体检验值	主成分累积解释率
信息共享	0.725	27.140	66.954%
交互记忆系统	0.759	479.255	70.723%
共享心智模型	0.765	450.214	70.330%
关系冲突	0.701	34.293	68.404%
团队决策质量	0.784	46.311	62.998%
团队决策承诺	0.770	41.546	65.479%

2. 结构效度

采用Amos 24.0对本章的各个变量进行验证性因子分析以确定模型的结构效度。如表3-16所示，六因子模型的拟合度很好（χ^2/df=1.233，RMSEA=0.032，NNFI = 0.912，CFI = 0.913，IFI = 0.913）（χ^2/df是直接检验样本协方差矩阵和估计方差矩阵之间的相似程度的统计量，其理论期望值为1，愈接近1模型拟合愈好；RMSEA是近似误差均方根，是模型不拟合指数，愈接近0拟合愈好；NNFI是非规范拟合指数，愈接近1拟合愈好；CFI是比较拟合指数，愈接近1拟合愈好；IFI是增量拟合指数，数值愈接近1模型拟合愈好）。其他替代模型的拟合度则较差，与六因子模型之间差异显著。这些结果能很好地说明变量之间有较好的区分效度。

表3-16 验证性因子分析结果

模型	χ^2/df	RMSEA	NNFI	CFI	IFI
IS；TMS；SMM；RC；TDQ；TDC	1.233	0.032	0.912	0.913	0.913
IS；TMS；SMM；RC；TDQ+TDC	1.574	0.051	0.874	0.858	0.857
IS；TMS；SMM；RC+TDQ+TDC	1.718	0.067	0.835	0.816	0.818
IS；TMS；SMM+RC+TDQ+TDC	2.166	0.074	0.806	0.787	0.779
IS；TMS+SMM+RC+TDQ+TDC	2.674	0.091	0.759	0.743	0.743
IS+TMS+SMM+RC+TDQ+TDC	3.312	0.107	0.711	0.696	0.697

注：IS=信息共享；TMS=交互记忆系统；SMM=共享心智模型；RC=关系冲突；TDQ=团队决策质量；TDC=团队决策承诺。

四、数据聚合

本章是团队层面的研究，而相关变量（信息共享、交互记忆系统、共享心智模型、关系冲突、团队决策质量、团队决策承诺）均来自个体层面的测量，因此需要将相关变量的数据聚合到团队层面。但是，个体层面的数据聚合必须满足一定的条件。所需要满足的条件通常利用Rwg、ICC（1）、ICC（2）三个指标表示。Rwg指单个小组内部的一致性要求，学术界通用的临界值为0.70（James et al., 1993）。ICC（1）代表组内的一致性，ICC（2）代表组间一致性，这两者的临界值为ICC（1）<0.50，ICC（2）>0.50（James, 1982）。

如表3-17所示，本书利用统计软件R计算出的各变量的Rwg、ICC（1）、ICC（2）的值都符合了Rwg>0.70，ICC（1）<0.50，ICC（2）>0.50的临界条件，满足了聚合条件。这表明相关变量的数据在团队之间有足够的差异并且在团队层面一致性较高，符合数据聚合的条件。所以，本书中可以将信息共享、交互记忆系统、共享心智模型、关系冲突、团队决策质量、团队决策承诺收集的数据聚合到团队层面。

表3-17 本章数据聚合分析

变　　量	Rwg	ICC（1）	ICC（2）
信息共享	0.822	0.325	0.732
交互记忆系统	0.873	0.217	0.763
共享心智模型	0.891	0.343	0.699
关系冲突	0.776	0.411	0.756
团队决策质量	0.793	0.276	0.725
团队决策承诺	0.804	0.319	0.687

第四节　研究结果

一、相关性分析

从表3-18中可以看出团队层面的控制变量（团队规模、团队存续时间、企业性质）与其他变量（信息共享、交互记忆系统、共享心智模型、关系冲突、团队决策质量、团队决策承诺）相关性很低，这表明团队层面控制变量对本书的结果几乎没有影响。同时，根据表3-18，可以判断信息共享与交互记忆系统正相关（$r=0.420$，$P<0.01$）；信息共享与共享心智模型正相关（$r=0.393$，$P<0.01$）；信息共享与关系冲突正相关（$r=0.203$，$P<0.01$）；交互记忆系统与团队决策质量正相关（$r=0.406$，$P<0.01$）；交互记忆系统与团队决策承诺正相关（$r=0.546$，$P<0.01$）；共享心智模型与团队决策质量正相关（$r=0.347$，$P<0.01$）；共享心智模型与团队决策承诺显著正相关（$r=0.361$，$P<0.01$）；关系冲突与团队决策质量负相关（$r=-0.325$，$P<0.01$）；关系冲突与团队决策承诺负相关（$r=-0.234$，$P<0.01$）。还可以判断交互记忆系统、共享心智模型、关系冲突这三个过程变量之间相关性很低，团队决策承诺与团队决策质量之间相关性也很低。另外，发现信息共享与团队决策质量相关性不显著（$r=0.078$），与团队决策承诺相关性也不显著（$r=0.073$），这进一步说明了在没有边界条件下信息共享与团队决策之间的不确定性关系，这也验证了研究思路的正确性。

表3-18 变量相关性分析结果

变量	TT	EN	TS	IS	TMS	SMM	RC	TDQ	TDC
TT	1.000								
EN	0.032	1.000							
TS	0.025	−0.022	1.000						
IS	−0.011	0.003	0.049	1.000					
TMS	−0.013	−0.031	−0.006	0.420**	1.000				
SMM	0.046	0.051	0.024	0.393**	0.028	1.000			
RC	−0.023	−0.048	0.045	0.203**	0.013	0.008	1.000		
TDQ	−0.007	0.021	0.013	0.078	0.406**	0.347**	−0.325**	1.000	
TDC	0.019	−0.015	−0.003	0.073	0.546**	0.361**	−0.234**	0.013	1.000

注：$*P<0.05$，$**P<0.01$；TT=团队存续时间；EN=企业性质；TS=团队规模；IS=信息共享；TMS=交互记忆系统；SMM=共享心智模型；RC=关系冲突；TDQ=团队决策质量；TDC=团队决策承诺。

二、假设检验

（一）信息共享对交互记忆系统的作用分析

以交互记忆系统对控制变量（团队规模、团队存续时间、企业性质）及信息共享同时进行线性回归得到 M_1（表3-19）。根据 M_1 的回归结果，可以判定信息共享对交互记忆系统的作用显著（$\beta=0.302$，$P<0.01$），这说明信息共享水平越高，交互记忆系统的水平也越高。由此可见，H_1 的结论得到支持。

表3-19 本章回归分析结果

变量	M_1 TMS	M_2 TDQ	M_3 TDC	M_4 SMM	M_5 TDQ	M_6 TDC	M_7 RC	M_8 TDQ	M_9 TDC
TT	−0.013	0.017	−0.042	−0.007	0.044	−0.057	0.019	0.016	0.028
EN	0.026	0.031	−0.005	0.011	0.023	−0.038	0.026	−0.024	−0.042
TS	−0.008	0.016	−0.011	0.019	0.007	−0.021	0.043	−0.004	−0.018
IS	0.302**			0.285**			0.196**		
TMS		0.613**	0.642**						
SMM					0.324**	0.366**			
RC								−0.229**	−0.341**
TDQ									
TDC									
R^2	0.095	0.382	0.420	0.090	0.109	0.136	0.039	0.052	0.118
ΔR^2	0.091	0.376	0.412	0.081	0.105	0.134	0.038	0.052	0.116
F	2.544	14.640	15.711	4.538	4.962	6.025	2.427	8.642	7.374

注：$*P<0.05$，$**P<0.01$；TT=团队存续时间；EN=企业性质；TS=团队规模；IS=信息共享；TMS=交互记忆系统；SMM=共享心智模型；RC=关系冲突；TDQ=团队决策质量；TDC=团队决策承诺。

（二）交互记忆系统对团队决策质量的作用分析

以团队决策质量对控制变量（团队规模、团队存续时间、企业性质）及交互记忆系统同时进行线性回归得到 M_2（表 3-19）。根据 M_2 的回归结果，可以判定交互记忆系统对团队决策质量的作用显著（$\beta=0.613$, $P<0.01$），这说明交互记忆系统的水平越高，团队决策质量也越高。由此可见，H_{2a} 的结论得到支持。

（三）交互记忆系统对团队决策承诺的作用分析

以团队决策承诺对控制变量（团队规模、团队存续时间、企业性质）及交互记忆系统同时进行线性回归得到 M_3（表 3-19）。根据 M_3 的回归结果，可以判定交互记忆系统对团队决策承诺的作用显著（$\beta=0.642$, $P<0.01$），这说明交互记忆系统水平越高，团队决策承诺的水平也越高。由此可见，H_{2b} 的结论得到支持。

（四）信息共享对共享心智模型的作用分析

以共享心智模型对控制变量（团队规模、团队存续时间、企业性质）及信息共享同时进行线性回归得到 M_4（表 3-19）。根据 M_4 的回归结果，可以判定信息共享对共享心智模型的作用显著（$\beta=0.285$, $P<0.01$），这说明信息共享水平越高，共享心智模型的水平也越高。由此可见，H_3 的结论得到支持。

（五）共享心智模型对团队决策质量的作用分析

以团队决策质量对控制变量（团队规模、团队存续时间、企业性质）及共享心智模型同时进行线性回归得到 M_5（表 3-19）。根据 M_5 的回归结果，可以判定共享心智模型对团队决策质量的作用显著（$\beta=0.324$, $P<0.01$），这说明共享心智模型水平越高，团队决策质量也越高。由此可见，H_{3a} 的结论得到支持。

（六）共享心智模型对团队决策承诺的作用分析

以团队决策承诺对控制变量（团队规模、团队存续时间、企业性质）及共享心智模型同时进行线性回归得到 M_6（表 3-19）。根据 M_6 的回归结果，可以判定共享心智模型对团队决策承诺的作用显著（$\beta=0.366$, $P<0.01$），

这说明共享心智模型水平越高,团队决策承诺的水平也越高。由此可见,H_{3b} 的结论得到支持。

(七)信息共享对关系冲突的作用分析

以关系冲突对控制变量(团队规模、团队存续时间、企业性质)及信息共享同时进行线性回归得到 M_7(表 3-19)。根据 M_7 的回归结果,可以判定信息共享对关系冲突的作用显著($\beta=0.196$,$P<0.01$),这说明信息共享水平越高,关系冲突的水平也越高。由此可见,H_4 的结论得到支持。

(八)关系冲突对团队决策质量的作用分析

以团队决策质量对控制变量(团队规模、团队存续时间、企业性质)及关系冲突同时进行线性回归得到 M_8(表 3-19)。根据 M_8 的回归结果,可以判定关系冲突对团队决策质量的负向作用显著($\beta=-0.229$,$P<0.01$),这说明关系冲突水平越高,团队决策质量越低。由此可见,H_{4a} 的结论得到支持。

(九)关系冲突对团队决策承诺的作用分析

以团队决策承诺对控制变量(团队规模、团队存续时间、企业性质)及关系冲突同时进行线性回归得到 M_9(表 3-19)。根据 M_9 的回归结果,可以判定关系冲突对团队决策承诺的负向作用显著($\beta=-0.341$,$P<0.01$),这说明关系冲突水平越高,团队决策承诺的水平越低。由此可见,H_{4b} 的结论得到支持。

第五节 研究讨论

本章从团队层面深入探讨了信息共享对团队决策的双向作用路径。同时,利用统计软件 SPSS 23.0 和 Amos 24.0 进行信效度分析、相关性分析以及线性回归分析,以对研究假设进行验证。检验的结果如下。

第一,信息共享正向显著影响团队认知。通过信息共享,团队成员可以相互了解彼此的个人信息,并对信息进行编码和加工,建立信息共享目录。而且,在信息共享过程中团队成员所提供的信息越准确,对信息的编码越能得到强化，信息共享目录越清晰，交互记忆系统的专门化程度越高。另外，通过信息共享，团队成员还可以了解自身信息以外关于任务的其他信息，尤其是关键要素的信息，建立起对任务的共同理解，形成团队一致的认知结构，提高团队的共享心智模型水平。

第二，信息共享正向显著影响关系冲突。在团队信息共享过程中，由于信息的异质性，成员在关键问题上难以达成决策平衡，从而造成团队成员之间的不良情绪或紧张关系。另外，信息的异质性还表现为信息多样化，信息的多样化在增加决策方案可用信息的同时，会降低团队之间的凝聚力，增加团队成员之间沟通协调的成本，增加团队成员对有用信息选择的压力，使沟通失效，导致关系冲突。也因为信息多样化，团队成员在决策中选择不同的切入点，很难达到意见上的统一，甚至出现不可调和的矛盾，使关系冲突升级。

第三，团队认知正向显著影响团队决策绩效。交互记忆系统、共享心智模型对团队决策绩效的作用已得到广泛证实。交互记忆系统不仅可以帮助团队成员了解其他成员个人信息的分布，而且可以让团队成员认识到个人信息在团队决策中的价值，为最终决策方案提供信息支持。同时，交互记忆系统可以协调团队内部信息，推动内部信息资源的优化配置，为决策任务提供多样性的信息，提高团队从不同角度解决问题的能力，降低决策中的失误。其还可以利用信息目录减轻团队成员的认知压力，提高信息在成员之间的协调效率，帮助团队快速做出有效决策。另外，当团队拥有对情境共享模式的能力时，团队成员的行动也就能步调一致，团队内部的协调成本也就会更低，成员之间的沟通也会更加顺畅，有利于减少外界不利因素的干扰，在关键问题上的决策能快速达成一致。而且，基于共享心智模型，团队成员能很快对团队任务和所面临情境形成一致的理解和判断，并以一致的方式做出合理的决策，加以有力执行，最终提高团队决策绩效。

第四，关系冲突负向显著影响团队决策绩效。关系冲突不仅会限制团队成员的信息处理能力，也会造成团队内部的社会认知身份的分类，从而引发团队内部断裂带，导致子团队间的消极互动，阻碍团队的信息加工。另外，关系冲突所产生的消极情感（紧张、焦虑、相互猜疑、不信任）会阻碍成员间的社会交换和人际互动，降低成员之间的相互信任，损害成员决策参与的积极性，不利于团队内部的信息流动以及互动机制的形成。

由此可以发现信息共享可以基于团队认知路径正向作用团队决策绩效，基于团队冲突路径负向作用团队决策绩效。正是由于信息共享对团队决策绩效双向作用路径，信息共享与团队决策绩效之间存在不确定性关系。有可能存在信息共享对团队决策绩效的正向作用大于负向作用，这恰能体现信息共享的价值；也可能负向作用大于正向作用，从而削弱信息共享的正向作用；还可能正负作用相当，那么信息共享体现不了其价值。这也有效地解释了信息共享与团队决策绩效关系具有不确定性的原因。如果要发挥信息共享在团队决策绩效中的优势作用，就应该在管理实践中设法增强其正向作用，抑制其负向作用，要实现这一目标，关键在于引入合适的情境变量。

第六节　本章小结

本章通过实证研究，发现信息共享可以基于团队认知路径（交互记忆系统与共享心智模型）正向影响团队决策绩效，也能基于团队冲突路径（关系冲突）负向影响团队决策绩效。因此，信息共享与团队决策绩效之间存在不确定性关系。要发挥信息共享作为团队决策绩效的关键性因素的作用，必须引入情境变量，利用情境变量增强其正向作用，削弱或抑制其负向作用，最终确保信息共享对团队决策绩效的正向作用。这为本书研究引入情境变量提供了充分的理由，从而引出下一章的研究。

第四章　团队心理安全对信息共享与团队决策绩效关系的调节效应

第四章 团队心理安全对信息共享与团队决策绩效关系的调节效应

根据上一章内容，在团队决策过程中信息共享与团队决策绩效之间存在不确定性关系。要使信息共享真正发挥其对团队决策绩效的关键性作用，应该引入合适的情境变量，以增强信息共享对团队决策绩效的正向作用，抑制信息共享对团队决策绩效的负向作用。

对涉及信息共享情境变量的研究进行梳理，发现情境变量主要有成员地位、时间压力、沟通风格、事先告知、团队冲突关系、团队规模、任务经验、媒介特征、领导风格等。但是，鲜有文献从团队心理机制去研究信息共享。实际上，信息共享很容易受到团队心理因素的影响。有研究指出，由于团队人际互动过程中存在沟通风险，团队成员会有意识地选择与他人共享的信息以及与之共享信息的人，而这种选择会在心理安全情境下表现得更自然（Wittenbaum et al., 2004）。同时，信息共享可能会使团队成员产生人际关系紧张和不安的情绪，导致关系冲突，最终损害团队决策绩效，如果在心理安全情境下，团队成员相互之间往往能获得更多的信任，团队内部的凝聚力也能得到提升，这种人际紧张的状态和不安的情绪自然能得到有效缓解（Griffith et al., 2001）。因此，基于以往研究，本书以团队心理安全为情境变量探讨其对信息共享与团队决策绩效关系的调节作用（图4-1）。

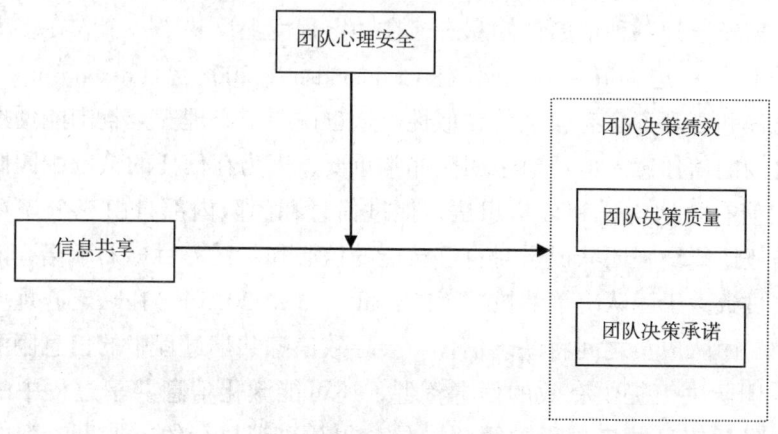

图4-1 团队心理安全对信息共享与团队决策绩效关系的调节模型

第一节 团队心理安全调节效应的研究假设

团队心理安全是团队内部营造的一种共同信念，在相互尊重、彼此信任的基础上，团队成员敢于承担人际风险并能积极表达自己的真实想法和独特观点（Edmondson，1999）。有研究表明心理安全状况对信息共享有积极影响（Griffith et al.，2001）。在团队心理安全情境下，团队成员之间能建立起彼此之间的信任，并在愿意承担人际风险的情况下，敢于为团队决策提供个人专长信息（Gibson et al.，2006），提供的个人信息越多彼此之间也就越熟悉，信息分布情况也就越清晰，自然越有利于高水平交互记忆系统的形成，同时基于交互记忆系统对信息资源的协调和利用，能有效提高团队决策的质量。同时，团队心理安全情境可以消除团队成员信息共享顾虑，减轻其认知压力，营造轻松自由的讨论氛围（Edmondson et al.，2014），这样能有效增进相互之间的信息共享效率，提高对团队任务要求和关键性要素的熟悉程度，从而建立起对决策任务的一致认知。在一致认知作用下团队成员能协调自身行为与团队行为，并能对其他人的行为做出合理的阐释及预期，最终提高团队决策的效率。另外，团队心理安全作为一种非正式的组织程序和规范，它鼓励并支持团队内部员工之间的开放沟通及彼此信任的互动（Baer et al.，2003）。员工在提供个人信息之后往往能收到及时反馈和正面评价，这有利于减轻因提供不同信息导致的焦虑紧张情绪，舒缓信息共享带来的紧张关系，减弱信息共享对团队决策绩效的负向影响。

心理安全是一种情感认知状态，在一定程度上反映了一个人在多大程度上相信他人，进而在冒险中获益（Edmondson，2008）。Edmondson（1999）发现信任和心理安全有较强的相似性。这也说明了心理安全氛围能增进团队成员之间的信任感。信任对于团队非常重要，因为在信任的氛围中团队成员知道如何有效地沟通和分享想法，促进信息在团队内部自由充分流动和分享，信任还能增强团队成员对自己技能的信心和对任务目标的承诺，能促进团队成员致力于团队决策的执行（Pearsall et al.，2015）。在缺乏心理安全的氛围中，团队成员之间将缺乏信任，会导致信息共享过程中的信息隐藏，不利于为团队决策提供有效的信息资源，还可能激化信息共享过程中的关系冲突，降低信息共享过程中团队成员对团队决策执行的支持度，削弱信息共享与团队决策承诺之间的正向关系。鉴于以上分析，本书提出以下假设：

第四章 团队心理安全对信息共享与团队决策绩效关系的调节效应

H_7：团队心理安全能有效调节信息共享与团队决策绩效之间的关系。当信息共享正向作用团队决策绩效时，团队心理安全可以增强其正向作用；当信息共享负向作用团队决策绩效时，团队心理安全可以减弱其负向作用。

H_{7a}：信息共享正向作用团队决策质量时，团队心理安全可以增强其正向作用；当信息共享负向作用团队决策质量时，团队心理安全可以减弱其负向作用。

H_{7b}：信息共享正向作用团队决策承诺时，团队心理安全可以增强其正向作用；当信息共享负向作用团队决策承诺时，团队心理安全可以减弱其负向作用。

第二节 研究设计

一、样本与数据收集

本章研究数据来源于浙江省72家企业。本次调研问卷发放还是以公司内信息共享频繁的技术团队为对象。本次共发放243份调研问卷，剔除问题问卷，共回收有效问卷187份（53个团队）。调查对象的情况如表4-1所示：男性占77.00%，女性占23.00%；硕士及以上学历占比37.97%，本科占比49.73%，专科占比12.30%；工作5年以上的员工占比21.40%，工作3~5年的占比25.67%，工作1~3年占比35.82%，工作1年以下的17.11%；企业规模在200人以上的占比47.16%，100~200人的占比35.85%，100人以下的占比16.99%。团队规模10人以上的1个，占比1.89%；团队规模5~10人的5个，占比9.43%；团队规模5人以下的47个，占比88.68%。存续时间6个月以下的团队5个，占比9.43%；6个月到12个月的13个，占比24.53%；12个月以上的35个，占比66.04%。

表4-1 本章基本信息统计

统计内容	测量编码	内容	样本数	所占比例
性别	1	男	144	77.00%
	2	女	43	23.00%
学历	1	硕士及以上	71	37.97%
	2	本科	93	49.73%
	3	专科及以下	23	12.30%

（续 表）

统计内容	测量编码	内 容	样本数	所占比例
工作年限	1	5年以上	40	21.40%
	2	3~5年	48	25.67%
	3	1~3年	67	35.82%
	4	1年以下	32	17.11%
企业规模	1	200人以上	25	47.16%
	2	100~200人	19	35.85%
	3	100人以下	9	16.99%
团队规模	1	10人以上	1	1.89%
	2	5~10人	5	9.43%
	3	5人以下	47	88.68%
团队存续时间	1	6个月及以下	5	9.43%
	2	6~12个月	13	24.53%
	3	12个月以上	35	66.04%

二、变量测量

（一）信息共享的测量

本章研究仍采用Bunderson等（2002）开发的信息共享量表，总共3个题项。题项采用Likert-5计分法。

（二）团队心理安全的测量

Edmondson（1999）所开发的团队心理安全量表最为成熟，也被广泛引用。本章采用该量表对团队心理安全进行测量，共计7个题项，具体见表4-2。题项采用Likert-5计分法。

表4-2　团队心理安全的测量

编 号	题 项
TPS_1	如果你在团队中犯错误，经常会受到他人反对
TPS_2	团队成员能提出问题和强硬的观点
TPS_3	团队成员有时因为他人的与众不同而拒绝他们
TPS_4	在团队内承担风险是安全的

第四章 团队心理安全对信息共享与团队决策绩效关系的调节效应

(续　表)

编　号	题　项
TPS$_5$	向团队内其他成员请求帮助是困难的
TPS$_6$	团队内没有人会故意破坏我的努力成果
TPS$_7$	团队合作过程中，我独有的技能和才干将被认为是有价值的并被利用

(三) 团队决策绩效的测量

本章研究仍采用团队决策质量和团队决策承诺来表征团队决策绩效。团队决策质量仍采用 Amason (1996) 开发的团队决策量表中的决策质量维度测量团队决策质量，共计 3 个题项。关于团队决策承诺的测量，仍采用戴佩华 (2016) 在 Wooldridge 等 (1990) 基础上翻译的量表，共计 4 个题项。题项采用 Likert-5 计分法。

三、信效度分析

(一) 信度分析

1. 信息共享

如表 4-3 所示，信息共享所有题项的 CITC 值均大于 0.4，这表明题项之间有较高的相关性。从项已删除的 Cronbach's α 系数也可以判断，删除任何项，信息共享量表的 Cronbach's α 系数不会有明显的改变。另外，Cronbach's α 系数为 0.762，表明信息共享量表有良好的内部一致性。

表4-3　信息共享的信度分析

题　项	校正的项总计相关性 (CITC)	项已删除的 Cronbach's α 系数	Cronbach's α 系数
IS$_1$	0.787	0.703	
IS$_2$	0.799	0.744	0.762
IS$_3$	0.808	0.807	

2. 团队心理安全

如表 4-4 所示，团队心理安全所有题项的 CITC 值均大于 0.4，这意味着题项之间有较高的相关性。从项已删除的 Cronbach's α 系数也可以判断，删除任何题项，团队心理安全量表的 Cronbach's α 系数都不会有明显的改变。另外，Cronbach's α 系数为 0.802，这表示团队心理安全量表具有良好的内部一致性。

表4-4 团队心理安全的信度分析

题项	校正的项总计相关性（CITC）	项已删除的 Cronbach's α 系数	Cronbach's α 系数
TPS_1	0.791	0.813	
TPS_2	0.766	0.757	
TPS_3	0.800	0.843	
TPS_4	0.746	0.776	0.802
TPS_5	0.735	0.811	
TPS_6	0.814	0.820	
TPS_7	0.833	0.781	

3. 团队决策质量

如表 4-5 所示，团队决策质量所有题项的 CITC 值均大于 0.4，这表明题项之间有较高的相关性。从项已删除的 Cronbach's α 系数也可以判断，删除任何题项，团队决策质量量表的 Cronbach's α 系数不会有明显的改变。另外，Cronbach's α 系数为 0.793，表明团队决策质量量表具有良好的内部一致性。

表4-5 团队决策质量的信度分析

题项	校正的项总计相关性（CITC）	项已删除的 Cronbach's α 系数	Cronbach's α 系数
TDQ_1	0.808	0.765	
TDQ_2	0.721	0.836	0.793
TDQ_3	0.744	0.784	

4. 团队决策承诺

如表 4-6 所示，团队决策承诺所有题项的 CITC 值均大于 0.4，这表明题项之间有较高的相关性。从项已删除的 Cronbach's α 系数也可以判断，删除任何题项，团队决策承诺量表的 Cronbach's α 系数不会有明显的改变。

第四章 团队心理安全对信息共享与团队决策绩效关系的调节效应

另外，Cronbach's α 系数为 0.825，表明团队决策承诺量表具有良好的内部一致性。

表4-6 团队决策承诺的信度分析

题 项	校正的项总计相关性（CITC）	项已删除的 Cronbach's α 系数	Cronbach's α 系数
TDC_1	0.817	0.803	0.825
TDC_2	0.779	0.815	
TDC_3	0.763	0.771	
TDC_4	0.814	0.828	

（二）效度分析

1. 内容效度

采取 SPSS 23.0 对本章中的信息共享、团队心理安全、团队决策质量和团队决策承诺等变量进行探索性因子分析以确定其内容效度。如表 4-7 所示，KMO 系数均大于 0.70，适合探索性因子分析。同时，其主成分的累积解释率均超过了 50%。由此可见，本章中相关变量的内容效度良好。

表4-7 探索性因子分析结果

变 量	KMO 系数	Bartlett's 球体检验值	主成分累积解释率
信息共享	0.735	121.794	63.954%
团队心理安全	0.790	86.276	70.412%
团队决策质量	0.851	59.132	64.259%
团队决策承诺	0.837	80.467	70.389%

2. 结构效度

采用 Amos 24.0 对本章中的各个变量进行验证性因子分析以确定其结构效度。结果如表 4-8 所示，四因子模型的拟合度很好（$\chi^2/df=1.125$，RMSEA=0.041，NNFI=0.914，CFI=0.927，IFI=0.926)，其他替代模型的拟合度则较差，与四因子模型之间差异显著。这都说明变量之间有较好的区分效度。

表4-8 验证性因子分析结果

模 型	χ^2/df	RMSEA	NNFI	CFI	IFI
IS；TPS；TDQ；TDC	1.125	0.041	0.914	0.927	0.926
IS；TPS；TDQ+TDC	1.573	0.203	0.857	0.886	0.887
IS；TPS+TDQ+TDC	1.744	0.227	0.836	0.865	0.865
IS+TPS+TDQ+TDC	2.017	0.258	0.818	0.823	0.825

注：IS=信息共享；TPS=团队心理安全；TDQ=团队决策质量；TDC=团队决策承诺。

四、数据聚合

本章利用统计软件R分析数据聚合条件，统计结果如表4-9所示，各变量的Rwg、ICC（1）、ICC（2）的值都符合了相应的临界条件（Rwg>0.70，ICC（1）<0.50，ICC（2）>0.50），满足了聚合条件。这表明团队心理安全的数据在团队之间有足够的差异并且在团队层面一致性较高，符合数据聚合的条件。

表4-9 数据聚合分析

变 量	Rwg	ICC（1）	ICC（2）
信息共享	0.838	0.257	0.718
团队心理安全	0.797	0.351	0.807
团队决策质量	0.816	0.294	0.769
团队决策承诺	0.841	0.318	0.816

第三节 研究结果

一、相关性分析

从表4-10中可以看出团队层面的控制变量（团队规模、团队存续时间、企业规模）与其他变量（信息共享、团队心理安全、团队决策质量、团队决策承诺）相关系数很低，这表明控制变量对本章研究结果几乎没影响。

另外，根据表4-10，可以判断本次调研中信息共享与团队心理安全正相关（$r=0.365$，$P<0.01$）；信息共享与团队决策质量正相关（$r=0.259$，$P<0.01$）；信息共享与团队决策承诺正相关（$r=0.287$，$P<0.01$）；团队心理安全与团队决策质量正相关（$r=0.206$，$P<0.01$）；团队心理安全与团队决策承诺正相关（$r=0.232$，$P<0.01$）。另外，团队决策承诺与团队决策质量之间相关性也很低（$r=0.039$），这也说明团队决策绩效测量维度的划分是合理的。

表4-10 相关性分析结果

变 量	TS	TT	ES	IS	TPS	TDQ	TDC
TS	1.000						
TT	0.051	1.000					
ES	−0.013	−0.025	1.000				
IS	0.028	−0.033	−0.074	1.000			
TPS	0.004	0.011	0.018	0.365**	1.000		
TDQ	−0.046	−0.047	−0.036	0.259**	0.206**	1.000	
TDC	0.002	0.022	0.048	0.287**	0.232**	0.039	1.000

注：*$P<0.05$，**$P<0.01$；TS=团队规模；TT=团队存续时间；ES=企业规模；IS=信息共享；TPS=团队心理安全；TDQ=团队决策质量；TDC=团队决策承诺。

二、假设检验

分别以团队决策质量和团队决策承诺对控制变量（企业规模、团队存续时间、团队规模）及信息共享同时进行线性回归得到M_1和M_4（表4-11）。根据M_1的回归结果，可以判断信息共享对团队决策质量的作用显著（$\beta=0.308$，$P<0.01$），也即信息共享水平越高，团队决策质量越高。另外，根据M_4的回归结果，可以判断信息共享对团队决策承诺的作用也显著（$\beta=0.343$，$P<0.01$），也即信息共享水平越高，团队决策承诺水平越高。因此，本章中信息共享正向预测团队决策绩效。由于信息共享对团队决策绩效存在正向预测作用，因此，只要验证团队心理安全在其关系中的正向调节效应，也即团队心理安全能够增强它们之间的正向关系。

首先，在模型M_1的基础上加入团队心理安全进行回归，得到M_2，并在M_2的基础上添加交互项（信息共享 × 团队心理安全）再次进行回归得到M_3，对比M_2可以发现交互项（信息共享 × 团队心理安全）显著正向影响团队决策质量（$\beta=0.266$，$P<0.01$），这表明团队心理安全在信息共享与团队决策质量之间起到了正向调节作用，也即团队心理安全水平越高，信息共享与团队决策质量的正相关关系越强。其次，在模型 M_4 的基础上加入团队心理安全进行回归，得到 M_5，并在 M_5 的基础上添加交互项（信息共享 × 团队心理安全）再次进行回归得到 M_6，对比 M_5 可以发现交互项（信息共享 × 团队心理安全）显著正向影响团队决策承诺（$\beta=0.282$，$P<0.01$），这表明团队心理安全在信息共享与团队决策承诺之间起到了正向调节作用，也即团队心理安全水平越高，信息共享与团队决策承诺的正相关关系越强。总之，本书证实了团队心理安全能在信息共享与团队决策绩效关系中起到正向调节作用，H_{7a} 和 H_{7b} 的结论得到证实。

表4-11 本章回归分析结果

变量	TDQ			TDC		
	M_1	M_2	M_3	M_4	M_5	M_6
TS	0.017	−0.021	−0.030	0.015	−0.005	0.020
TT	−0.023	0.052	0.036	0.013	−0.004	−0.045
ES	−0.032	−0.082	0.006	0.022	0.024	−0.011
IS	0.308**	0.279**	0.305**	0.343**	0.317**	0.258**
TPS		0.384**	0.390**		0.254**	0.304**
IS × TPS			0.266**			0.282**
R^2	0.101	0.123	0.109	0.119	0.087	0.080
ΔR^2	0.095	0.114	0.107	0.118	0.081	0.079
F	3.926	7.473	6.325	9.327	2.952	2.451

注：*$P<0.05$，**$P<0.01$；TS= 团队规模；TT= 团队存续时间；ES= 企业规模；IS= 信息共享；TPS= 团队心理安全；TDQ= 团队决策质量；TDC= 团队决策承诺。

第四节 研究讨论

在上一章结论的基础上，本章引入团队心理安全变量，并通过实证研究方法验证团队心理安全是否能在信息共享与团队决策绩效中起到有效的调节作用。研究结果表明，在团队心理安全氛围下，团队成员之间容易建立彼此之间的信任，为决策任务敢于人际冒险提供更多的个人信息，有利于扩充团队决策所用的信息池，提高团队决策质量。同时，在团队心理安全氛围

第四章 团队心理安全对信息共享与团队决策绩效关系的调节效应

下,随着信息共享的深入,团队成员之间能建立信任感,并基于信任建立一致的认知框架,从而提高团队内部行为的一致性,以及团队决策的效率。而且,在团队心理安全氛围下,团队成员提供信息后能收到及时反馈和正面评价,从而减轻信息共享过程中由于观点差异导致的关系冲突,提高团队决策质量。另外,在团队心理安全氛围下,团队能提供给成员关于决策任务的信心,增强团队成员对决策任务执行的承诺和支持,提高团队决策承诺水平。

第五节 本章小结

本章主要基于上一章的发现(信息共享与团队决策绩效之间存在不确定性关系),探讨团队心理安全对信息共享与团队决策绩效(团队决策质量与团队决策承诺)关系的调节效应,确保信息共享在团队决策绩效中的优势作用。通过实证研究发现,团队心理安全作为调节变量能在信息共享与团队决策绩效之间起到积极调节作用,从而充分发挥信息共享对团队决策绩效的正向作用。

第五章　团队心理安全下不同类型信息共享对团队决策绩效的影响

第五章　团队心理安全下不同类型信息共享对团队决策绩效的影响

　　从上一章了解到团队心理安全可以增强信息共享对团队决策绩效的正向作用，抑制其负向作用，从而发挥信息共享对团队决策绩效的优势作用。但是，信息分为独特信息和共同信息（Stasser et al., 1985, 1987），且不同类型信息共享对团队决策绩效作用的机制不同，甚至有人认同独特信息而贬低共同信息，也有人认同共同信息而贬低独特信息，那么在团队决策绩效中不同类型的信息共享到底各自发挥怎样的作用？以往研究虽然也进行过相关分析，但是大多基于单一视角，把两者割裂开来，很少把两者同时纳入同一理论模型并探讨在同一情境下两者如何作用于团队决策绩效。因此，为了更深入了解信息共享对团队决策绩效的影响机制，本章在区分不同类型信息的基础上，进一步构建团队心理安全情境下"不同类型信息共享—团队冲突—团队认知—团队决策绩效"的双向作用路径模型（图5-1），并在同一理论模型框架下研究不同类型信息共享如何影响团队决策绩效。由于独特信息共享与共享心智模型，共同信息共享与交互记忆系统都被证实不相关（Jimenez-Rodriguez, 2012；Luo et al., 2020），因此本章研究不考虑独特信息共享与共享心智模型之间的关系和共同信息共享与交互记忆系统之间的关系，所要研究的关系包括"独特信息共享—交互记忆系统—团队决策绩效""独特信息共享—关系冲突—团队决策绩效""共同信息共享—关系冲突—团队决策绩效""共同信息共享—共享心智模型—团队决策绩效"以及团队心理安全对"独特信息共享—交互记忆系统""独特信息共享—关系冲突""共同信息共享—关系冲突""共同信息共享—共享心智模型"四种关系的调节。

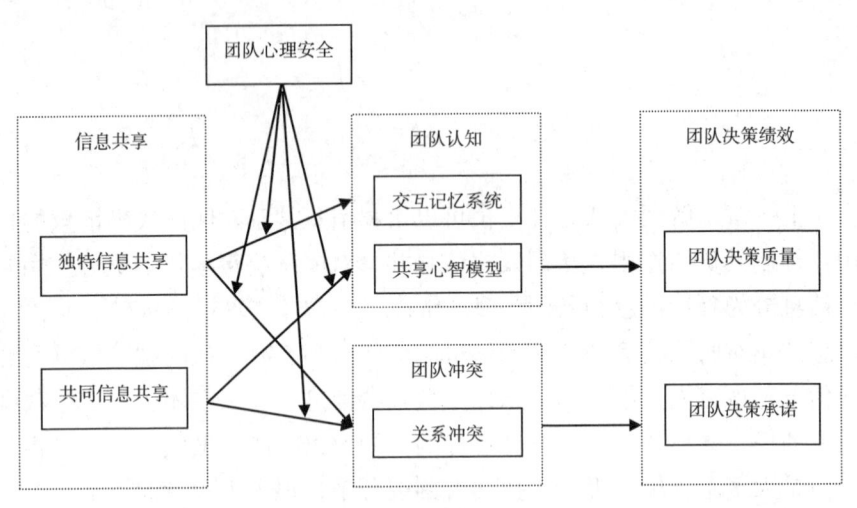

图 5-1　团队心理安全下不同类型信息共享对团队决策绩效作用的模型

第一节　理论分析与研究假设

一、交互记忆系统的中介作用

不同类型信息共享的研究主要起源于 Stasser 等（1985，1987）的实验研究。他们将团队决策过程中的信息分为共同信息和独特信息。其中独特信息是团队成员个人所专有的，在共享之前不为其他成员所了解。而交互记忆系统被认为是在团队成员之间形成的相互依赖的，对不同知识领域的信息进行编码、存储、检索和交流的共享认知分工系统（Hollingshead et al.，2010），能基于构建的共享目录，向团队成员提供任务所需的相关信息（Wegner，1987）。它包括三个维度：专长分布、信任和知识协调。团队决策活动，尤其是知识密集型的团队决策活动，往往需要依赖不同领域的专长信息资源，由于专长信息具有专有属性和排他属性，在共享之前不为他人所知。然而，通过各自专长信息的共享，团队成员就能了解其他成员所具有的与团队决策任务相关的专长信息分布，从而对这些信息进行编码，形成知识目录，并构建团队层面的交互记忆系统。而且，不同成员分享个人信息时，能建立起对情境和任务的共同理解，促进个体之间的互相了解，为团队决策任务贡献个人信息（Hollingshead et al.，2010）。因此，独特信息共享有利

第五章 团队心理安全下不同类型信息共享对团队决策绩效的影响

于交互记忆系统的建立。而交互记忆系统对团队决策绩效（团队决策承诺和团队决策质量）的积极作用在第四章已得到实证检验。鉴于以上分析，本书提出以下假设：

H_8：交互记忆系统在独特信息共享与团队决策绩效关系间发挥中介作用。

H_{8a}：交互记忆系统在独特信息共享与团队决策质量关系间发挥中介作用。

H_{8b}：交互记忆系统在独特信息共享与团队决策承诺关系间发挥中介作用。

二、共享心智模型的中介作用

共同信息不同于独特信息，它是团队决策讨论前已为每个成员所共同了解的。团队成员进行信息共享时，一般会把共同信息作为团队受欢迎的文化行为，在团队沟通过程中不断重复这类信息（Jimenez-Rodriguez，2012）。由于共同信息的不断重复，团队成员之间将不断增进了解，增加彼此之间的熟悉程度。而熟悉度有助于形成共享认知（Entin et al.，1999）。另外，有研究指出团队之所以更重视共同信息共享，而限制独特信息共享，是因为当团队更加重视共同信息共享时，团队成员之间的信息交换流量更大，会在所有成员之间建立一个关于情境以及成员之间如何协调的共同认知结构（He et al.，2007）。由于共享心智模型源于对情境或任务共同认知的过程（Turne et al.，2014），因此共同信息共享有利于共享心智模型的形成。共享心智模型对团队决策绩效的积极作用在第四章已得到实证检验。鉴于以上分析，本书提出以下假设：

H_9：共享心智模型在共同信息共享与团队决策绩效关系间发挥中介作用。

H_{9a}：共享心智模型在共同信息共享与团队决策质量关系间发挥中介作用。

H_{9b}：共享心智模型在共同信息共享与团队决策承诺关系间发挥中介作用。

三、关系冲突在独特信息共享与团队决策绩效之间的中介作用

国外学者 Stasser 等（1985，1987）最早通过实验研究发现在隐藏文件范式（hidden profile paradigm）下，支持最优决策的信息分布于不同成员之间，每个成员只拥有决定最优决策方案的部分信息，要取得团队最优决策必须要求分布于不同成员之间的信息得到充分共享。但是，由于社会验证理论（social validation theory），把独特信息纳入团队现有信息，往往是要付出

代价的，这种代价主要表现为观点分歧而引发团队成员之间的不愉快，甚至直接冲突（Ferzandi et al.，2004）。Boos等（2013）指出在信息共享过程中共同信息才能得到鼓励并在团队成员之间不断重复，而独特信息往往具有排他性，很难在团队成员之间产生共鸣并得到认可。Brodbeck等（2010）也发现在社会验证理论的心理机制作用下，独特信息共享可能会导致提供信息的成员被其他成员排挤和孤立。Griffith等（2001）在传统、混合和虚拟团队信息共享的对比研究中指出信息的多样化不仅会造成认知冲突积极作用于团队绩效，而且会造成关系冲突消极作用于团队绩效。另外，团队异质性分为信息异质性、社会类别异质性和价值观异质性（Jehn，1997），其中信息异质性指由于自身的成长经历、职能经验不同造成所拥有知识的差异。这种差异主要表现在团队成员的教育程度、工作专业程度和价值观上（顾仰洁等，2008）。而独特信息就是由于成长经历、职能经验的不同造成的个人专长信息的不同。因此，在一定程度上独特信息就意味着团队信息异质性。信息异质性往往意味着思维模式和看待问题角度的差异，会降低团队成员对组织的身份认同，产生对问题看法的分歧，并可能导致团队内部的信任危机，从而引发关系冲突，降低决策绩效（顾仰洁等，2008）。因此，独特信息共享会导致关系冲突。而关系冲突对团队决策绩效的负面作用在第四章已得到实证检验。鉴于以上分析，本书提出以下假设：

H_{10}：关系冲突在独特信息共享与团队决策绩效关系间发挥中介作用。

H_{10a}：关系冲突在独特信息共享与团队决策质量关系间发挥中介作用。

H_{10b}：关系冲突在独特信息共享与团队决策承诺关系间发挥中介作用。

四、关系冲突在共同信息共享与团队决策绩效之间的中介作用

与独特信息不同的是，共同信息是在团队决策之前就为所有成员知晓、认可和接受的，不具备专有属性和排他性属性。Wittenbaum等（2001）指出由于共同信息能够得到成员相互之间的证实，从而在团队讨论中不断被重复并使团队成员之间产生共鸣，而且会对首先提供共同信息的成员给予积极评价。Wittenbaum（1998）还指出团队中低地位成员往往更偏重共同信息共享，因为低地位成员需要通过共享更多的共同信息来获得其他成员的共鸣，从而得到支持和信任。也有学者认为虽然共同信息共享并不一定能增加团队的

可用信息存量，但可能会通过间接方式提高团队绩效，比如可以通过加强团队的社会情感功能，提高团队内部的积极氛围（比如信任、凝聚力）来提高团队绩效（Beal, Cohen, Burke, McLendon et al., 2003）。同时，Mesmer-Magnus 等（2009）发现在虚拟团队中共同信息共享比独特信息共享更有利于增强团队凝聚力、信任与情感。另外，Kolb 等（2018）还认为共同信息共享是团队成员偏好的选择，而偏好的一致性会减少团队成员之间协调的成本，以及不必要的冲突，从而提高团队绩效。因此，共同信息共享能减少团队决策过程中的关系冲突。而关系冲突对团队决策绩效的负面作用在第四章已得到实证检验。鉴于以上分析，本书提出以下假设：

H_{11}：关系冲突在共同信息共享与团队决策绩效关系间发挥中介作用。

H_{11a}：关系冲突在共同信息共享与团队决策质量关系间发挥中介作用。

H_{11b}：关系冲突在共同信息共享与团队决策承诺关系间发挥中介作用。

五、团队心理安全的调节作用

团队心理安全是团队内部所营造的一种共同信念，在彼此信任、相互尊重的基础上，团队成员敢于人际冒险并积极表达自己的真实想法和独特观点（Edmondson, 1999）。有研究表明心理安全对信息分享有积极影响（Griffith et al., 2001）。因为心理安全包括支持、开放、信任、相互尊重和风险承担，从而使团队成员敢于建言，提供不同的意见，进行自发的和非正式的交流，主动提供信息，并保持对其他观点和视角的开放性以及积极倾听来弥合分歧（Edmondson, 2003; Gibson et al., 2006）。也有研究表明在高水平团队心理安全条件下团队成员倾向于向团队内部其他成员咨询以获取信息资源，而在低水平团队心理安全条件下则倾向于向团队外部咨询来获得信息资源（Safdar et al., 2017）。因为低水平团队心理安全，例如讨论中陌生人的加入，会使团队成员感到不舒服和尴尬，从而刻意保留、隐瞒或伪造，甚至战略性地谎报与任务相关的信息（Steinel et al., 2010）。高水平团队心理安全能减少不确定性和增强风险感知，有助于鼓励人们开展频繁、非正式、自发、直接的交流（Monge et al., 1992），并且使非中心成员获得团队支持，敢于人际冒险和发表不同意见，乐于与其他成员分享个人信息（Hoch, 2014; Gissel et al., 2017）。在心理安全情境下，团队成员之间更容易建立信任（Cohen et al., 2003），以开放性方式进行沟通并愿意提供更多与任务相关的个人信息，进而更清楚"谁知道什么"，专长信息目录自然更加清晰，并在更新的专长信息目录框架下知道怎样更好检索相关的信息，有利于提高信息协调利用效率。同时，基于社会验证理论，团队决策中独特信息共享往往容易受到排斥，致使团队成员害怕因展示独特信息而产生被拒感（Ferzandi et al.，2004）。而团队心理安全通过给予团队成员信任和尊重，使其不用担心因提供个人信息而暴露自己的弱点，也不用害怕因自己的错误受到他人的责备，从而更愿意把自己拥有的与工作相关的不同信息纳入讨论中，使其他成员清楚团队决策的信息分布情况。鉴于以上分析，本书提出以下假设：

H_{12}：团队心理安全在独特信息共享与交互记忆系统关系中起正向调节作用。

Martins 等（2013）在研究中发现在低团队心理安全氛围下团队成员的专长多样化与团队绩效显著负相关，只有在高团队心理安全氛围下团队成员的专长多样化才与团队绩效显著正相关，关键原因在于高团队心理安全氛围有利于消除专长多样化引发的沟通障碍和关系冲突，使团队成员能在相互信任的基础上无保留地共享个人专长。国内学者杨晓琳（2015）也在其研究中指出团队心理安全可以给异质性团队成员的沟通营造缓和气氛，从而有利于消除因发表个人不同的意见可能带来的人际摩擦。可见，在团队心理安全情境下，团队成员之间的信任以及乐于分享有利于减少信息共享导致的关系冲突，保持团队内部的良好关系。鉴于以上分析，本书提出以下假设：

H_{13}：团队心理安全在独特信息共享与关系冲突关系中起负向调节作用。

在团队心理安全氛围下，团队成员之间开放性沟通机会会增多，沟通频率也会提高。随着开放性沟通机会的增多和沟通频率的提高，共同信息被重复提及的次数也会增加，这样会增进团队成员之间的信任，提高团队成员对关键任务要素的认知，提升团队整体上的共同认知能力（Gibson et al.，2006）。基于团队心理安全，共同信息不断被重复，还会导致更彻底的信息交换（包括独特信息），增加团队成员之间的熟悉程度，最终提升团队的共享认知（Entin et al.，1999）。鉴于以上分析，本书提出以下假设：

H_{14}：团队心理安全在共同信息共享与共享心智模型关系中起正向调节作用。

在团队心理安全条件下，通过共同信息共享，团队成员都能认识到自己在团队决策中的重要性，团队成员之间的信任感和团队内部的凝聚力也会得

第五章 团队心理安全下不同类型信息共享对团队决策绩效的影响

到增强（Luo et al., 2020），团队成员之间的情感纽带会增强，关系冲突会更少。另外，在团队心理安全氛围下，随着信息共享的增加，团队成员之间的熟悉程度会增进，而熟悉程度的增进会消除团队内部沟通的不愉快和矛盾对立，促进团队绩效的提高（Kim et al., 2018）。鉴于以上分析，本书提出以下假设：

H_{15}：团队心理安全在共同信息共享与关系冲突关系中起正向调节作用。

第二节 研究假设汇总

根据以上理论分析，对本章的研究假设进行汇总，具体见表5-1。其中假设 H_8 是检验交互记忆系统在独特信息共享与团队决策绩效关系中的中介作用的，假设 H_9 是检验共享心智模型在共同信息共享与团队决策绩效关系中的中介作用的，假设 H_{10} 是检验关系冲突在独特信息共享与团队决策绩效关系中的中介作用的，假设 H_{11} 是检验关系冲突在共同信息共享与团队决策绩效关系中的中介作用的，假设 H_{12} 是检验团队心理安全在独特信息共享与交互记忆系统关系中的调节效应的，假设 H_{13} 是检验团队心理安全在独特信息共享与关系冲突关系中的调节效应的，假设 H_{14} 是检验团队心理安全在共同信息共享与共享心智模型关系中的调节效应的，假设 H_{15} 是检验团队心理安全在共同信息共享与关系冲突关系中的调节效应的。

表5-1 团队心理安全下不同类型信息共享对团队决策绩效的研究假设汇总

序	号	研究假设
H_8	H_{8a}	交互记忆系统在独特信息共享与团队决策质量之间起中介作用
	H_{8b}	交互记忆系统在独特信息共享与团队决策承诺之间起中介作用
H_9	H_{9a}	共享心智模型在共同信息共享与团队决策质量之间起中介作用
	H_{9b}	共享心智模型在共同信息共享与团队决策承诺之间起中介作用
H_{10}	H_{10a}	关系冲突在独特信息共享与团队决策质量之间起中介作用
	H_{10b}	关系冲突在独特信息共享与团队决策承诺之间起中介作用
H_{11}	H_{11a}	关系冲突在共同信息共享与团队决策质量之间起中介作用
	H_{11b}	关系冲突在共同信息共享与团队决策承诺之间起中介作用
H_{12}		团队心理安全在独特信息共享与交互记忆系统之间起正向调节作用
H_{13}		团队心理安全在独特信息共享与关系冲突之间起负向调节作用
H_{14}		团队心理安全在共同信息共享与共享心智模型之间起正向调节作用
H_{15}		团队心理安全在共同信息共享与关系冲突之间起正向调节作用

第三节 研究设计

独特信息在现场研究中很难得到确认,因为包括管理人员在内的团队成员很难意识和确认哪些信息是独特的,即使意识到某些信息可能是独特的也难以在团队中广泛讨论,因此以往关于不同类型信息共享的研究大多采取实验研究方法。实验研究方法也有利于对不同类型信息分布进行有效控制,从而建立更好的因果关系。因此,本章在以往文献研究的基础上,运用实验研究方法全面探讨团队决策过程中不同类型信息共享对团队决策绩效的影响机制。

一、功效分析

研究所必须达到的最小样本量是基于功效分析来确定的。正如 Cohen 等(2003)在研究中指出统计功效受三个因素的影响:样本大小、α 水平和效应大小。在这三个因素中,研究人员控制了样本量和显著性水平 α(显著性水平 α 的取值范围已经达成共识:0.01~0.05)。下面公式被用来计算研究的样本量。

$$n=(L/f^2)+k+1$$

首先,遵循 Cohen 等(2003)确立的步骤,显著性水平 α 确定为 0.05。其次,可以利用方差分析、多元回归等方法来确定效应大小 f^2,$f^2=R^2/(1-R^2)$,其中 R^2 可以根据以往关于独特信息共享的文献来确定。根据 Mesmer-Magnus 等(2009)研究指出独特信息共享与决策绩效之间的相关性 r 为 0.45,那么决定系数 $R^2=0.20$,自然 $f^2=0.20/(1-0.20)=0.25$。接下来,利用 Cohen 等(2003)研究中的表 E_2 来确定 L。由于 k 为被限制的条件数或变量个数,本书中变量个数为 8,因此 $k=8$。根据表 E_2,L 对应的值为 11.94。那么在确定的显著性水平 α($\alpha=0.05$)下,为确保功效水平不低于 0.80,样本量 n 至少要达到:

$$n=(11.94/0.25)+8+1$$
$$n=48+8+1=57$$

也就是说在 $\alpha=0.05$ 水平基础上,要确保功效水平不低于 0.80,团队样本数量不少于 57 个。本书中,60 个团队 180 名被试参与,这样能确保实验结果的可靠性。

二、被试选择

鉴于以往类似实验常采取学生作为被试（Xiao et al., 2016；Tekleab et al., 2014；Super et al., 2016），本次实验60个团队共180名被试是来自浙江某高校3个不同专业的三年级学生。其中每个专业60名，且这60名中40名来自同一班级，另外20名来自同一专业的另一个平行班级。由于同专业的基础课和个别专业课都在一起上，因此他们之间基本上是相互熟悉的。为了使他们更加熟悉，在本实验之前，同专业的两个平行班级经常以团队（3人组）讨论的形式共同完成课堂项目作业。

三、实验任务

本实验采用Xiao等（2016）研究中的新产品开发实验方法。由于新产品开发的复杂性和动态性，以及开发失败带来的巨大成本问题，很多国外公司都利用"想法启迪系统"（idea-to-launch systems）来开发新产品（Cohen, 2003）。在基于这种系统的新产品开发项目中，团队根据其预测绩效进行讨论以决定是否继续该项目的开发。在产品开发的不同阶段，如果预测绩效是有利的，团队将继续该产品项目，否则，停止该项目以防止进一步的投资损失（Cooper, 2008）。本实验要求被试根据给定的信息通过团队讨论方式从给定的两个产品开发项目中选择最优项目。

所给定的信息提取自Hart等（2003）的研究（见附录），这个信息列表在新产品开发的模拟实验中被广泛采纳。信息列表中的每条信息都用相应的数字赋值，而不是使用纯粹的描述性文字，这便于被试对信息项的理解和掌握，从而在团队讨论活动中更易做出统一的决策结果。信息分配的设计严格按照以往研究的指令进行（Stasser et al., 1992；Larson, 2010）。所分配的信息中9条信息是支持汽车重力传感器项目，5条信息支持汽车反射传感器项目。支持汽车反射传感器项目的5条信息项设定为共同信息，即分配给所有被试，并为所有被试知道，而支持汽车重力传感器项目的9条信息则设定为独特信息，讨论之前不为所有被试所知，并平均分配给每个团队的3名被试，采取随机分配原则。总的来说，每名被试拥有8条信息项：5条共同信息，3条独特信息（具体分配情况见附录）。

四、实验控制

本实验的目的在于检验团队心理安全情境下不同类型信息共享对团队决策绩效的影响机制。为了体现实验效果，本书采用1×2的实验设计，考察在实验组（高团队心理安全水平）和对照组（一般团队心理安全水平）状态下不同类型信息共享对团队决策绩效的影响。这两种不同团队心理安全状态主要通过团队成员的构成和时间压力来实现。

高团队心理安全水平主要通过构建成员之间相互熟悉的团队和低时间压力实现。Griffith等（2001）在研究中指出熟悉性特征能让那些信息多样化的团队乐于分享他们个人信息，而解释机制之一就是团队心理安全，因为熟悉性能使团队成员之间产生团队心理安全进而产生信任，在不担心报复情况下敢于发表自己的观点。另外，Bowman等（2012）在以团队方式选择较好降胆固醇药物的实验中，发现低时间压力团队比高时间压力团队能较大概率地选择较好的药物，特别当这些团队能获得独特信息时，并进一步指出原因在于低时间压力状态有利于团队成员消除焦虑，可以在轻松氛围中自由地关注团队目标，表达自己的观点，而不是自我保护。这正是团队心理安全的内容表征。对照组则是通过构建成员之间不熟悉的团队和设置时间压力实现。

实验组的团队共30个，团队中的每名被试均来自同一班级或专业，以保证成员之间相互熟悉，为了使团队成员能更自由轻松地表达自己的观点和提供个人信息，讨论不设时限。对照组也是30个团队，每个团队的3名被试均来自不同专业，且被试之间互不熟悉，熟悉的被试在构建团队时就进行了有效的规避，另外讨论时间限定为10分钟，10分钟之后每个团队必须给出统一的决策结果。

五、实验流程

（一）实验前阶段

实验前阶段时间为20分钟，包括信息包阅读时间和主试讲解时间。实验前，180名被试均被告知实验任务（经过团队讨论，统一从汽车重力传感器和汽车反射传感器两个产品开发项目中选出最佳项目）。另外，为了保证被试参与的积极性，研究人员将根据被试的参与性以及决策的结果进行评

第五章 团队心理安全下不同类型信息共享对团队决策绩效的影响

分，以作奖励。

为了让每个被试都能更好地了解实验项目情况，主试给每个被试提供两个汽车配件的信息包，包括产品名称、工作原理、应用领域等信息，比如汽车重力传感器是基于压电效应（piezoelectric effect）原理进行工作的产品，广泛应用在汽车电子领域，如车身操控、安全系统、导航，具体如安全气囊、ABS、ESP；汽车反射传感器是基于超声波（ultrasonic wave）原理进行工作的产品，可用于物体识别，在倒车防撞系统和巡航系统上使用。这些介绍资料都打印出来以纸质形式提供给每个被试。团队讨论之前，每个被试需要单独阅读信息包中的信息项（图5-2）。另外，在阅读信息包之前，主试会给所有被试讲解每一项预测决策绩效信息项的释义以保证被试能清楚项目内容和信息项价值。

图5-2 讨论前被试单独阅读材料信息

（二）团队讨论阶段

在单独阅读完给定的信息项资料之后，按原来的团队设置组合，进入事先安排好的位置开始讨论（图5-3）。对照组的团队讨论时间为10分钟，而实验组讨论则不设时限，讨论过程进行全程录像。对于对照组，10分钟讨论时间结束后各个团队必须给出最后的决策结果，同样实验组的团队也必须给出最终的决策结果。最后，被试都要根据自己对参与团队决策讨论活动的回忆填写问卷，并现场回收问卷。事后由2名经过培训的统计人员对录像进行回放,并根据信息清单对决策过程中被提及的独特信息和共同信息次数进行统计。

图 5-3 实验中被试讨论场面

(三) 问卷资料整理阶段

在实验结束后,统计人员对实验的测量问卷以及不同类型信息被讨论情况进行整理,录入以备统计所用。

六、变量测量

(一) 团队决策质量

本实验采取客观测量方法衡量团队决策质量,将经过团队讨论最后统一做出的决策结果作为团队决策质量的衡量指标。由于涉及从两个不同汽车产品开发项目中选择的问题,因此决策质量用虚拟变量进行衡量("1"=汽车重力传感器;"0"=汽车反射传感器)。预测试显示汽车重力传感器项目优于汽车反射传感器项目。

(二) 团队决策承诺

关于团队决策承诺的测量,本实验仍采用戴佩华(2016)在 Wooldridge 等(1990)基础上翻译的量表,共计 4 个题项。题项采用 Likert-5 计分法（1="完全不同意"到5="完全同意"）（以下主观测量的变量同样采用Likert-5计分法）。

（三）独特信息共享

本书利用独特信息在团队决策讨论中的提及率来衡量独特信息共享程度。具体操作是统计在团队决策讨论中被提及过的独特信息（至少被提及过一次）占所有独特信息的比例。比例越高意味着在该团队决策讨论中独特信息共享的程度比较高，否则独特信息共享的程度比较低。独特信息共享程度的测量过程是两名统计者回看团队讨论视频，并对照给定的独特信息项，记录团队决策讨论过程中独特信息出现的次数，然后利用独特信息出现的次数除以独特信息的总数（9条）。实验中，两位统计者对独特信息共享评判的Spearman相关系数为0.847，这说明两名统计者对独特信息共享的评测具有很高的一致性。

（四）共同信息共享

同样利用共同信息的提及率来衡量共同信息共享的程度。其具体操作也是统计在团队决策讨论中被提及过的共同信息（至少被提及过一次）占所有共同信息的比例。比例高意味着在该团队决策讨论中共同信息共享的程度比较高，否则共同信息共享的程度比较低。其具体测量结果也是通过两名统计者观看视频并记录共同信息被讨论过的次数计算而来的。共同信息共享评判的Spearman相关系数为0.861，这说明两名统计者对共同信息共享的评测具有很高的一致性。

（五）交互记忆系统

与第三章一样，仍采用张志学等（2006）根据Lewis等（2004）研究成果改进的交互记忆系统量表，共计15个题项。

（六）共享心智模式

同样，与第三章一样采用国内学者王黎萤等（2010）开发的量表，共计16个题项。

（七）关系冲突

与第三章一样，采用 Jehn（1995）在研究中所开发的关系冲突量表，共计 4 个题项。

（八）团队心理安全

与第四章一样，采用 Edmondson（1999）开发的团队心理安全量表，共计 7 个题项。

第四节 实验操控有效性的检验

本书主要对团队心理安全这一调节变量进行了操控，实验后对团队心理安全进行方差分析检验，结果显示，实验组的团队心理安全水平得分 M=4.136，SD=0.374；高于对照组的团队心理安全水平得分 M=3.015，SD=0.296。另外，对实验组和对照组的团队心理安全水平进行 t 检验，结果显示 P=0.000＜0.01，这表明两组的团队心理安全水平存在显著差异，由此可见，实验对团队心理安全水平的操控达到了预期的效果。

第五节 假设检验

一、预测试

为了确保信息项清楚地表明汽车重力传感器项目（9条信息项支持）优于汽车反射传感器项目（5条信息项支持），根据附录中给出的信息，我们邀请65个被试（学生）对这两个产品项目进行预评估。同时，为了检验信息项的位置是否重要，将被试分成两组，打乱两组之间的信息分配顺序。第一组35个被试，第二组30个被试。在单独了解各个产品项目并阅读所有信息项后，用 Likert-5 评价这两个项目的潜在成功性，并从中选择一个最优项目。为了实验操作及统计便利，在这里被试只需要就汽车重力传感器项目（虚拟编码为1）作出评价。根据分组实验结果，运用 t 检验，我们发现对于第一组，$t(35)=26.587$，$P<0.05$，置信区间为（4.04，4.71）；对于第二组：$t(35)=28.128$，$P<0.05$，置信区间为（4.05，4.68），因此这两组的实验结果都一致表明汽车重力传感器项目优于汽车反射传感器项目。同时，根据卡方检验 $\chi^2(35, 30)=24.660$，$df=12$，$P=0.017>0.01$，进一步证实这两个小组对汽车重力传感器项目优于汽车反射传感器项目这一结论无显著性差异。这些证据都表明在实验中汽车重力传感器项目优于汽车反射传感器项目，并且信息项在不同的位置上或者怎样分配并不产生影响。

二、描述性统计

两个不同实验条件下独特信息共享、共同信息共享、交互记忆系统、共享心智模型、关系冲突、团队心理安全、团队决策质量和团队决策承诺的描述统计结果如表 5-2 所示。该表反映了不同实验情境下各变量的数值差异。从表 5-2 中的数据可以看出，实验组的独特信息共享水平较对照组要高（0.826>0.667），同时交互记忆系统（3.975>3.120）、团队决策质量（0.972>0.871）、团队决策承诺（4.132>3.925）水平都较对照组水平要高，而关系冲突水平则相反（3.384<4.173）。另外，发现共同信息共享水平没有显著性差异。

表5-2　不同实验条件下变量的描述性统计

	UI		CI		TMS		SMM		RC		TDQ		TDC	
	M	SD	M	SD	M	SD	M	SD	M	SD	M	SD	M	SD
实验组	0.826	0.107	0.927	0.098	3.975	0.371	4.086	0.530	3.384	0.377	0.972	0.180	4.132	0.352
对照组	0.667	0.113	0.900	0.101	3.120	0.450	4.007	0.373	4.173	0.426	0.871	0.322	3.925	0.313

注：UI= 独特信息共享；CI= 共同信息共享；TMS= 交互记忆系统；SMM= 共享心智模型；RC= 关系冲突；TDQ= 团队决策质量；TDC= 团队决策承诺。

三、相关性分析

利用实验收集的数据进行相关性分析，所得结果如表 5-3 所示。从表 5-3 来看，独特信息共享与团队决策质量显著正相关（$r=0.317$，$P<0.01$），与团队决策承诺显著正相关（$r=0.411$，$P<0.01$），与交互记忆系统显著正

相关（$r=0.370$，$P<0.01$），与关系冲突显著正相关（$r=0.309$，$P<0.01$）；共同信息共享与团队决策质量显著正相关（$r=0.429$，$P<0.01$），与团队决策承诺显著正相关（$r=0.512$，$P<0.01$），与共享心智模型显著正相关（$r=0.558$，$P<0.01$），与关系冲突显著负相关（$r=-0.373$，$P<0.01$）。另外，发现独特信息共享与共享心智模型不相关（$r=0.029$），共同信息共享与交互记忆系统也不相关（$r=0.058$），团队决策承诺与团队决策质量不相关（$r=0.027$）。进一步了解到独特信息共享与共同信息共享不相关（$r=0.031$），这也充分证实了对它们的划分是合理的。

表5-3 各变量相关关系

变量	UI	CI	TMS	SMM	RC	TPS	TSQ	TDC
UI	1.000							
CI	0.031	1.000						
TMS	0.370**	0.058	1.000					
SMM	0.029	0.558**	0.023	1.000				
RC	0.309**	-0.373**	0.079	0.064	1.000			
TPS	0.288**	0.114*	0.332**	0.076	0.137*	1.000		
TDQ	0.317**	0.429**	0.293**	0.383**	-0.366**	0.297**	1.000	
TDC	0.411**	0.512**	0.268**	0.431**	-0.342**	0.201**	0.027	1.000

注：*$P<0.05$，**$P<0.01$；UI=独特信息共享；CI=共同信息共享；TMS=交互记忆系统；SMM=共享心智模型；RC=关系冲突；TPS=团队心理安全；TDQ=团队决策绩效；TDC=团队决策承诺。

四、假设检验

实验中对照组30个团队中23个团队选择汽车重力传感器项目，7个团队选择汽车反射传感器项目，而高水平心理安全组30个团队中有28个团队选择汽车重力传感器项目，只有2个团队选择汽车反射传感器项目。另外，从不同类型信息统计情况来看，可以了解到在对照组中独特信息被提及次数占所有信息提及次数（包括独特信息和共同信息）的43.293%，而实验组中独特信息被提及次数占所有信息提及次数的56.443%。这间接说明了高水平心理安全状态下团队成员会提及更多独特信息，并做出更优的决策方案。

第五章　团队心理安全下不同类型信息共享对团队决策绩效的影响

（一）交互记忆系统的中介作用

由于团队决策质量在本实验中是二元等级变量，因此参考刘红云等（2013）的研究，运用二元逻辑回归的方法分析在独特信息共享与团队决策质量关系间交互记忆系统的中介效应。首先，利用团队决策质量对独特信息共享进行二元逻辑回归（$Y'=i_1+cX_1+e_1$），发现独特信息共享对团队决策质量有积极影响（$c=4.697$，$Wald=331.437$，$P<0.01$）（表5-4），这也证实了独特信息共享是团队决策绩效的关键性因素；其次，利用团队决策质量对交互记忆系统和独特信息共享同时进行二元逻辑回归（$Y'=i_2+c'X_1+bM_1+e_Y$），发现$c'=2.576$，$b=3.979$（表5-5）；再次，利用交互记忆系统对独特信息共享进行线性回归（$M_1=i_3+aX_1+e_{M1}$），发现独特信息共享对交互记忆系统具有积极影响（$a=0.342$，$P<0.01$）（表5-6）；最后，对逻辑回归系数标准化：$b^{std}=b.SD(M_1)/SD(Y')$，$SD(M_1)=0.350$，$SD(Y')=[c'^2 var(X_1)+b^2 var(M_1)+2c'b\,cov(X_1,M_1)+\pi^2/3]^{1/2}=2.858$，所以$b^{std}=0.487$，由于$ab^{std}=0.167$显著，因此交互记忆系统在独特信息共享与团队决策质量关系间起中介作用，研究假设H_{8a}的结论得到支持。

由于团队决策承诺是连续性变量，因此利用线性回归分析交互记忆系统在独特信息共享与团队决策承诺之间的中介效应。首先，利用交互记忆系统对独特信息共享进行线性回归，根据表5-6可以了解到独特信息共享正向显著影响交互记忆系统（$\beta=0.342$，$P<0.01$）；其次，利用团队决策承诺对交互记忆系统进行线性回归，可以了解到交互记忆系统正向显著影响团队决策承诺（$\beta=0.486$，$P<0.01$）（表5-6）；最后，利用团队决策承诺对交互记忆系统和独特信息共享同时进行线性回归，发现交互记忆系统正向显著影响团队决策承诺（$\beta=0.434$，$P<0.01$）（表5-6），而且独特信息共享依然显著影响团队决策承诺（$\beta=0.351$，$P<0.01$）（表5-6）。因此，交互记忆系统在独特信息共享与团队决策承诺关系中起到部分中介作用，研究假设H_{8b}的结论得到支持。

表5-4　团队决策质量分别对X_1和X_2逻辑回归结果

	B	S.E.	Wald	df	Sig.
X_1	4.697	0.258	331.437	1	0.004
X_2	2.899	0.188	237.783	1	0.026

注：独特信息共享X_1，共同信息共享X_2。

表5-5　团队决策质量同时对X_1和M_1逻辑回归结果

	B	S.E.	Wald	df	Sig.
X_1	2.576	0.248	107.900	1	0.027
M_1	3.979	0.312	162.644	1	0.009

注：独特信息共享X_1，交互记忆系统M_1。

表5-6　独特信息共享—交互记忆系统—团队决策承诺回归结果

变量	交互记忆系统	团队决策承诺	团队决策承诺	团队决策承诺
独特信息共享	0.342**	0.439**		0.351**
交互记忆系统			0.486**	0.434**
F	7.657	7.524	11.428	13.734
ΔR^2	0.117	0.193	0.236	0.165

（二）共享心智模型的中介作用

分析共享心智模型在共同信息共享与团队决策质量之间的中介作用，同样使用二元逻辑回归方法。首先，利用团队决策质量对共同信息共享进行二元逻辑回归（$Y'=i_1+cX_2+e_1$），发现共同信息共享对团队决策质量具有积极影响（$c=2.899$，Wald=237.783，$P<0.05$）（表5-4），这也证实了以往关于共同信息共享对团队决策重要性的观点；其次，利用团队决策质量对共同信息共享和共享心智模型同时进行二元逻辑回归（$Y''=i_2+c'X_2+bM_2+e_Y$），发现$c'=2.355$，$b=4.677$（表5-7）；再次，利用共享心智模型对共同信息共享进行线性回归（$M_2=i_3+aX_2+e_{M2}$），发现共同信息共享对共享心智模型具有积极影响（$a=0.481$，$P<0.01$）（表5-8）；最后，对逻辑回归系数标准化：$b^{std}=b.SD(M_2)/SD(Y'')$，$SD(M_2)=0.511$，$SD(Y'')=[c'^2var(X_2)+b^2var(M_2)+2c'bcov(X_2,M_2)+\pi^2/3]^{1/2}=3.690$，所以$b^{std}=0.648$。由于$ab^{std}=0.312$显著，因此共享心智模型在共同信息共享与团队决策质量关系中起中介作用，研究假设H_{9a}的结论得到支持。

同样运用线性回归分析共享心智模型在共同信息共享与团队决策承诺之间的中介作用。首先，利用共享心智模型对共同信息共享进行线性回归，从表5-8了解到共同信息共享正向显著影响共享心智模型（$\beta=0.481$，$P<0.01$）；其次，利用团队决策承诺对共享心智模型进行线性回归，可以了解到共享心

智正向显著影响团队决策承诺（$\beta=0.443$，$P<0.01$）；再次，利用团队决策承诺对共享心智模型和共同信息共享同时进行线性回归，发现共享心智模型正向显著影响团队决策承诺（$\beta=0.382$，$P<0.01$）（表5-8），而且共同信息共享依然显著影响团队决策承诺（$\beta=0.412$，$P<0.01$）（表5-8）。因此，共享心智模型在共同信息共享与团队决策承诺关系中起到部分中介作用，研究假设 H_{9b} 的结论得到支持。

表5-7 团队决策质量同时对X_2和M_2逻辑回归结果

	B	S.E.	Wald	df	Sig.
X_2	2.355	0.211	124.570	1	0.006
M_2	4.677	0.329	202.089	1	0.014

注：共同信息共享 X_2，共享心智模型 M_2。

表5-8 共同信息共享—共享心智模型—团队决策承诺回归结果

变量	共享心智模型	团队决策承诺	团队决策承诺	团队决策承诺
共同信息共享	0.481**	0.362**		0.412**
共享心智模型			0.443**	0.382**
F	9.968	8.749	8.108	10.767
ΔR^2	0.231	0.131	0.196	0.168

（三）关系冲突在独特信息共享与团队决策绩效之间的中介作用

使用二元逻辑回归分析关系冲突在独特信息共享与团队决策质量之间的中介作用。团队决策质量对独特信息共享的逻辑回归结果已得到检验，因此，首先利用团队决策质量对独特信息共享和关系冲突同时进行二元逻辑回归（$Y''=i_2+c'X_1+bM_3+e_Y$），发现 $c'=3.242$，$b=-3.505$；其次，利用关系冲突对独特信息共享进行线性回归（$M_3=i_3+aX_1+e_{M3}$），发现独特信息共享对关系冲突具有显著正向影响（$a=0.360$，$P<0.01$）（表5-9），然后对逻辑回归系数标准化：$b^{std}=b.SD(M_3)/SD(Y'')$，$SD(M_3)=0.458$，$SD(Y'')=[c'^2var(X_1)+b^2var(M_3)+2c'bcov(X_1,M_3)+\pi^2/3]^{1/2}=2.317$，所以 $b^{std}=-0.693$。由于 $ab^{std}=-0.249$ 显著，因此关系冲突在独特信息共享与团队决策质量关系中起中介作用，研究假设 H_{10a} 的结论得到支持。

运用线性回归分析方法分析关系冲突在独特信息共享与团队决策承诺之间的中介作用。首先，利用关系冲突对独特信息共享进行线性回归，根据表

5-10可以了解到独特信息共享正向显著影响关系冲突（β=0.360，$P<0.01$）；其次，利用团队决策承诺对关系冲突进行线性回归，可以了解到关系冲突负向显著影响团队决策承诺（β=-0.215，$P<0.01$）；接着，利用团队决策承诺对关系冲突和独特信息共享同时进行线性回归，发现关系冲突负向影响团队决策承诺（β=-0.207，$P<0.01$），而且独特信息共享依然显著影响团队决策承诺（β=0.300，$P<0.01$）。因此，关系冲突的中介作用在独特信息共享与团队决策承诺关系中得到证实，研究假设H_{10b}的结论得到支持。

表5-9　团队决策质量同时对X_1和M_3逻辑回归结果

	B	S.E.	Wald	df	Sig.
X_1	3.242	0.313	107.284	1	0.003
M_3	-3.505	0.209	281.243	1	0.000

注：独特信息共享X_1，关系冲突M_3。

表5-10　独特信息共享—关系冲突—团队决策承诺回归结果

变量	关系冲突	团队决策承诺	团队决策承诺
独特信息共享	0.360**		0.300**
关系冲突		-0.215**	-0.207**
F	8.612	6.810	7.063
ΔR^2	0.130	0.046	0.069

（四）关系冲突在共同信息共享与团队决策绩效之间的中介作用

同样使用二元逻辑回归分析关系冲突在共同信息共享与团队决策质量之间的中介作用。团队决策质量对共同信息共享的逻辑回归结果已得到检验，因此先利用团队决策质量对共同信息共享和关系冲突同时进行二元逻辑回归（$Y'=i_2+c'X_2+bM_3+e_Y$），发现c'=2.803，b=-1.753（表5-11）；其次，利用关系冲突对共同信息共享线性进行回归（$M_3=i_3+aX_2+e_{M3}$），发现共同信息共享对关系冲突具有显著负向影响（a=-0.182，$P<0.01$）（表5-12）；然后对逻辑回归系数标准化：$b^{std}=b\cdot\text{SD}(M_3)/\text{SD}(Y')$，$\text{SD}(M_3)$=0.458，$\text{SD}(Y')$=$[c'^2\text{var}(X_2)+b^2\text{var}(M_2)+2c'b\text{cov}(X_2,M_2)+\pi^2/3]^{1/2}$=1.325，所以$b^{std}$=-0.606。由于$ab^{std}$=0.110显著，因此关系冲突的中介作用在共同信息共享与团队决策质量关系中得到证实，研究假设H_{11a}结论得到支持。

同样运用线性回归方法分析关系冲突在共同信息共享与团队决策承诺之间的中介作用。首先，利用关系冲突对共同信息共享进行线性回归，根据

第五章　团队心理安全下不同类型信息共享对团队决策绩效的影响

表 5-12 可以了解到共同信息共享负向影响关系冲突（β=-0.182，$P<0.01$）；其次，关系冲突对团队决策承诺的影响已得到检验（β=-0.215，$P<0.01$）；再次，利用团队决策承诺对关系冲突和共同信息共享同时进行线性回归，发现关系冲突负向影响团队决策承诺（β=-0.154，$P<0.01$），而且共同信息共享依然显著影响团队决策承诺（β=0.334，$P<0.01$）。因此，关系冲突在共同信息共享与团队决策承诺关系中起部分中介作用，研究假设 H_{11b} 的结论得到支持。

表5-11　团队决策质量同时对 X_2 和 M_3 逻辑回归结果

	B	S.E.	Wald	df	Sig.
X_2	2.803	0.276	103.140	1	0.033
M_3	-1.753	0.105	278.730	1	0.005

注：共同信息共享 X_2，关系冲突 M。

表5-12　共同信息共享—关系冲突—团队决策承诺回归结果

变　量	关系冲突	团队决策承诺	团队决策承诺
共同信息共享	-0.182**		0.334**
关系冲突		-0.215**	-0.154**
F	4.979	6.810	5.192
ΔR^2	0.033	0.046	0.071

（五）团队心理安全在独特信息共享与交互记忆系统之间的调节作用

首先，对交互记忆系统进行正态分布和方差齐性检验，结果显示交互记忆系统满足正态分布（夏皮洛-威尔克检验下对照组显著水平 P=0.362 > 0.05；高水平组显著性水平 P=0.488 > 0.05）（表 5-13），且通过了方差齐性检验（基于平均数其显著性水平 Sig 0.751 > 0.05）（表 5-13），可见在满足方差分析的前提下，可以进行方差分析。其次，进行单因素方差分析，根据表 5-13 可以了解独特信息共享和团队心理安全对交互记忆系统的主效应显著（F=12.431，P=0.021 < 0.05；F=10.312，P=0.008 < 0.01），从而表明独特信息共享和团队心理安全都能对交互记忆系统产生显著影响，而且独特信息共享与团队心理安全的交互效应也显著（F=4.378，P=0.001 < 0.01），表明独特信息共享与团队心理安全在影响交互记忆系统中存在交互作用，即团队心理安全对独特信息共享与交互记忆系统的关系具有显著的调节效应。

为了进一步确认团队心理安全对独特信息共享与交互记忆系统关系的具体调节效应（正向调节抑或负向调节），特根据相关的数据信息绘制了团队心理安全对独特信息共享与交互记忆系统关系的调节效应图。如图5-4所示，高水平团队心理安全斜线位于低水平团队心理安全斜线之上，且在高水平团队心理安全条件下，随着独特信息共享水平的提高，交互记忆系统水平上升明显，而低水平团队心理安全条件下则不同，随着独特信息共享水平的提高，交互记忆系统水平上升却表现平缓。因此，可以判断团队心理安全在独特信息共享与交互记忆系统之间起到正向调节作用，即团队心理安全水平越高，独特信息共享与交互记忆系统的正向关系越强。由此可见，研究假设H_{12}的结论得到支持。

表5-13 因变量交互记忆系统下的方差分析结果

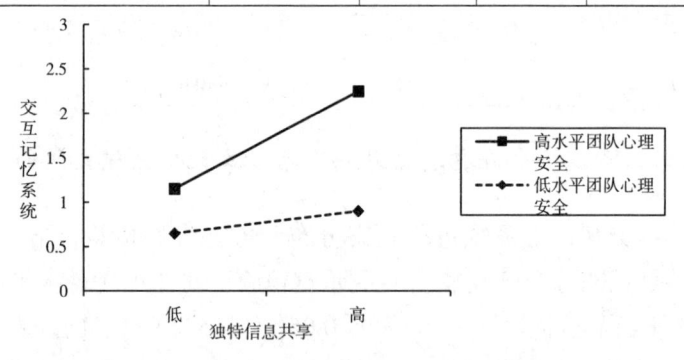

变 量	平方和	自由度	均 方	F	显著性
独特信息共享	42.176	6	42.176	12.431	0.021
团队心理安全	82.422	13	82.422	10.312	0.008
独特信息共享 * 团队心理安全	62.970	17	62.970	4.378	0.001

图5-4 团队心理安全对独特信息共享与交互记忆系统关系的调节

（六）团队心理安全在独特信息共享与关系冲突之间的调节作用

首先，对关系冲突进行正态分布和方差齐性检验，结果显示关系冲突满足正态分布（夏皮洛-威尔克检验下对照组显著水平$P=0.062>0.05$；高水平组显著性水平$P=0.260>0.05$）（表5-14），且通过了方差齐性检验（基于平均数其显著性水平$=0.643>0.05$）（表5-14），可见在满足方差分析的

第五章　团队心理安全下不同类型信息共享对团队决策绩效的影响

前提下，可以进行方差分析。其次，进行单因素方差分析，根据表 5-14 可以了解独特信息共享和团队心理安全对关系冲突的主效应显著（F=20.343，P=0.000 < 0.01；F=11.856，P=0.005 < 0.01），从而表明独特信息共享和团队心理安全都能对关系冲突产生显著影响，而且独特信息共享与团队心理安全的交互效应也显著（F=13.265，P=0.005 < 0.01），表明独特信息共享与团队心理安全在影响关系冲突中存在交互作用，即团队心理安全在独特信息共享与关系冲突关系中存在显著的调节效应。

为了进一步确认团队心理安全对独特信息共享与关系冲突关系的具体调节效应，特意绘制了团队心理安全对独特信息共享与关系冲突关系的调节效应图。如图 5-5 所示，可以了解到高水平团队心理安全斜线位于低水平团队心理安全斜线之下，即在低水平团队心理安全条件下，随着独特信息共享水平的提高，关系冲突水平上升明显，而在高水平团队心理安全条件下，随着独特信息共享水平的提高，关系冲突水平上升却表现平缓。因此，可以判断团队心理安全在独特信息共享与关系冲突之间起到负向调节作用，即团队心理安全水平越高，独特信息共享与关系冲突之间的正向关系越得到抑制。由此可见，研究假设 H_{13} 的结论得到支持。

表5-14　因变量关系冲突下的方差分析结果

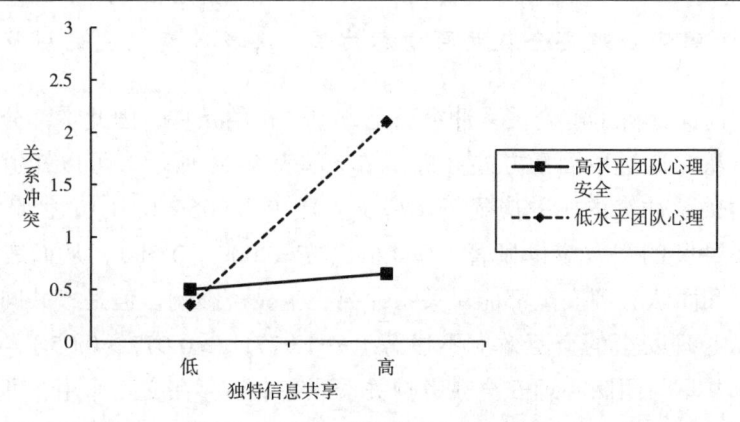

变　量	平方和	自由度	均　方	F	显著性
独特信息共享	34.270	6	34.270	20.343	0.000
团队心理安全	54.868	13	54.868	11.856	0.005
独特信息共享 * 团队心理安全	43.708	17	43.708	13.265	0.005

图 5-5　团队心理安全对独特信息共享与关系冲突关系的调节

（七）团队心理安全在共同信息共享与共享心智模型之间的调节作用

首先，对共享心智模型进行正态分布和方差齐性检验，结果显示共享心智模型满足正态分布（夏皮洛-威尔克检验下对照组显著水平 $P=0.224>0.05$；高水平组显著性水平 $P=0.181>0.05$），且通过了方差齐性检验（基于平均数其显著性水平 $=0.391>0.05$），可见在满足方差分析的前提，可以进行方差分析。其次，进行单因素方差分析，根据表5-15可以了解共同信息共享对共享心智模型的主效应显著（$F=7.343$，$P=0.025<0.05$），但是团队心理安全对共享心智模型的主效应不显著（$F=2.281$，$P=0.084>0.05$），从而表明共同信息共享能对共享心智模型产生显著影响，而团队心理安全不能对共享心智模型产生显著作用。更为重要的是共同信息共享与团队心理安全的交互效应不显著（$F=1.178$，$P=0.138>0.05$），这表明共同信息共享与团队心理安全在影响共同心智模型中不存在交互作用，即团队心理安全在共同信息共享与共同心智模型关系中不存在调节效应。由此可见，研究假设 H_{14} 的结论不能得到支持。

表5-15　因变量共享心智模型下的方差分析结果

变量	平方和	自由度	均方	F	显著性
共同信息共享	14.354	1	14.354	7.343	0.025
团队心理安全	25.895	13	25.895	2.281	0.084
共同信息共享*团队心理安全	21.873	8	21.873	1.178	0.138

（八）团队心理安全在共同信息共享与关系冲突之间的调节作用

通过前面分析了解到关系冲突满足方差分析的条件，因此本部分直接进行方差分析。通过单因素方差分析，结果如表5-16所示，可以知道共同信息共享对关系冲突的主效应显著（$F=5.250$，$P=0.006<0.01$），团队心理安全对关系冲突的主效应也显著（$F=4.696$，$P=0.000<0.01$），从而表明共同信息共享和团队心理安全都能对关系冲突产生显著影响。但是，共同信息共享与团队心理安全的交互效应不显著（$F=1.977$，$P=0.077>0.05$），这表明共同信息共享与团队心理安全在影响关系冲突中不存在交互作用，即团队心理安全在共同信息共享与关系冲突关系中不存在调节效应。由此可见，研究假设 H_{15} 的结论不能得到支持。

第五章　团队心理安全下不同类型信息共享对团队决策绩效的影响

表5-16　因变量关系冲突下的方差分析结果

变　　量	平方和	自由度	均　　方	F	显著性
共同信息共享	11.026	1	11.026	5.250	0.006
团队心理安全	26.254	13	26.254	4.696	0.000
共同信息共享 * 团队心理安全	21.620	8	21.620	1.977	0.077

第六节　本章小结

本章利用SPSS 23.0对本实验中收集的数据进行描述性统计、相关性分析、线性回归、方差分析和二元逻辑回归等分析。结果发现，独特信息共享通过交互记忆系统积极作用于团队决策绩效，假设H_{8a}与H_{8b}得以证实；共同信息共享通过共同心智模型积极作用于团队决策绩效，假设H_{9a}与H_{9b}得以证实；独特信息共享通过关系冲突负向作用于团队决策绩效，假设H_{10a}与H_{10b}得以证实；共同信息共享通过关系冲突正向作用于团队决策绩效，假设H_{11a}与H_{11b}得以证实；团队心理安全在独特信息共享与交互记忆系统之间起到正向调节作用，即团队心理安全水平越高，独特信息共享与交互记忆系统之间的正向关系越强，H_{12}得到证实；团队心理安全在独特信息共享与关系冲突之间起到负向调节作用，即团队心理安全能抑制独特信息共享对关系冲突的正向作用，H_{13}得到证实；团队心理安全在共同信息共享与共享心智模型和关系冲突之间未能起到调节作用，假设H_{14}和H_{15}未能得到证实。由此可见，不同类型信息共享在团队决策活动中都不可或缺，都是团队决策的关键性因素，有力地批判了以往对不同类型信息共享的两种极端观点。同时，虽然团队心理安全能减少人际冒险和被拒感，增加信息共享，但是所增加的信息主要是团队成员的个人信息，而不是共同拥有的共同信息。

第六章　研究结论与启示

第六章 研究结论与启示

第一节 研究结论及讨论

利用实证研究和实验研究方法，本书从团队认知和团队冲突视角，探讨团队心理安全情境下信息共享（包括不同类型信息共享）对团队决策绩效的影响机制。研究结果如下。

第一，信息共享与团队决策绩效存在不确定性关系。本书首先利用实证研究方法证实了信息共享基于团队认知（交互记忆系统和共享心智模型）和团队冲突（关系冲突）双向作用于团队决策绩效。在信息共享作用下，团队成员能清楚了解相互之间信息分布情况，建立基于信任的专业信息目录，提高信息协调利用效率，可以及时为团队决策提供所需要的信息。同时，通过信息共享团队成员还能建立对情境和任务的共同理解，形成团队一致的认知结构，从而降低协调成本，保持团队行动的一致性，提高团队决策绩效，可见信息共享基于团队认知（交互记忆系统和共享心智模型）正向作用于团队决策绩效。但是，信息分布不均带来的异质性或多样性，会造成团队成员在决策讨论中意见难以达成一致，引发团队成员之间的人际紧张和关系摩擦，转移团队成员的注意力，从而使团队成员不能专注于决策任务目标的实现，最终损害团队决策绩效，可见信息共享还会引发关系冲突，从而负向作用于团队决策绩效。因此，在团队认知和团队冲突的双向作用下，信息共享与团队决策绩效之间存在不确定性关系。

第二，团队心理安全的调节效应未能全部证实。由于信息共享与团队决策绩效之间存在不确定性关系，因此要发挥信息共享作为团队决策绩效关键性因素的作用，必须引入情境变量。研究发现，团队心理安全能缓解人与之间的对立情绪，有助于团队成员彼此之间建立信任，营造良好的自由讨论氛围，消除彼此之间的成见，敢于人际冒险，为决策方案的制定表达自己的观点和提供个人信息。另外，团队心理安全在不同类型信息共享上发挥的调节作用不同。通过实验发现在团队心理安全情境下，团队成员的独特信息共享水平、交互记忆系统水平、团队决策绩效水平都有提高,且关系冲突水平降低,但共同信息共享水平、共享心智模型水平没有显著变化,即团队心理安全分别在独特信息共享与交互记忆系统、关系冲突之间起到调节作用,通常团队心理安全水平越高,独特信息共享与交互记忆系统之间的正向关系越能得到增强,独特信息共享与关系冲突的负向关系越能得到缓解。而在团队心理安全情境下,共同信息与共享心智模型、关系冲突之间的关系没有显著性变化,也就是说团队心理安全未能分别在共同信息共享与共享心智模型、关系冲突之间起到调节作用。从整体上看,虽然团队心理安全能有效调节信息共享与团队决策绩效之间的关系,增强信息共享的正向作用,抑制信息共享的负向作用,发挥信息共享对团队决策的优势作用,但团队心理安全更多调节的是独特信息共享而不是共同信息共享。团队心理安全之所以能调节独特信息共享与交互记忆系统、关系冲突的关系,关键在于心理安全氛围可以避免组织政治等非任务性因素的干扰,使团队成员敢于人际冒险,积极投入工作,为团队决策任务的解决积极建言,分享更多个人信息,有利于更新专长信息目录。同时,心理安全能营造团队内部轻松信任的交流环境,化解因信息异质性带来的关系冲突。另外,团队心理安全之所以未能调节共同信息共享与共享心智模型、关系冲突的关系,原因在于无论为了提升自己在团队中的地位和影响力,还是为了确保自己不被孤立,共同信息都不会得以保留,即使心理安全也未能有效增加共同信息数量。

第三,在信息共享(包括不同类型信息共享)与团队决策绩效关系中,团队认知起中介作用。通过信息共享,团队成员能了解信息的分布情况,推进基于不同专长信息的交互记忆系统的建立,并基于交互记忆系统的信息协调机制提高团队决策绩效。同时,通过信息共享,团队成员能建立一致的认知结构,促进基于一致认知结构的共享心智模型的建立。但是,在区分不同类型信息共享的条件下,团队认知的中介作用会有所不同。经实验研究证实,独特信息共享与共享心智模型不相关,只与交互记忆系统相关。因此,交互记忆系统的中介作用在独特信息共享与团队决策绩效关系之间得到体现,却未能在共同信息共享与团队决策绩效关系之间得到体现。另外,共同信息与交互记忆系统无关,只与共享心智模型相关,因此共享心智模型的中介作用能在共同信息共享与团队决策绩效关系中得到体现,却未能在独特信息共享与团队决策绩效关系中得到体现。

第四，关系冲突的中介作用得到证实。信息在团队成员之间的分布不均，会带来信息的异质性或多样性。异质性或多样性一方面可以为团队决策提供多样化的信息来源，增加可供选择的决策方案，一方面会导致团队决策中意见的争执不下，难以统一，引发关系冲突，降低成员之间的信任，增加相互之间信息协调的成本，并导致决策绩效下降。所以，信息共享通过关系冲突的中介作用负向作用于团队决策绩效。当信息被区分为独特信息和共同信息后，关系冲突起到的中介作用有不同表现。独特信息是单个成员所专有的信息，也是团队信息异质性或多样性的来源，独特信息共享会导致关系冲突水平的提升，从而降低团队决策绩效，即独特信息共享通过关系冲突水平的提升而负向影响团队决策绩效。区别于独特信息，共同信息是共享之前所有成员都掌握的信息，不存在专有性，共同信息共享会增进成员之间的凝聚力和信任感，从而降低团队内部的关系冲突水平，提升团队决策绩效。因此，共同信息共享通过关系冲突水平的降低而正向作用于团队决策绩效。

第二节　理论贡献

基于相关理论研究，本书首先从团队认知和团队冲突角度出发，构建了信息共享对团队决策绩效的双向作用路径，其次分析了团队心理安全对信息共享与团队决策绩效关系的调节模型，最后构建了团队心理安全情境下不同类型信息共享对团队决策绩效作用的整体理论模型。该理论模型的研究不仅揭示了不同类型信息共享的过程机制，而且体现了在特定情境下不同类型信息共享的作用机制，在一定程度上有助于信息共享研究的丰富和深化。本书的理论贡献如下。

第一，揭示了信息共享对团队决策绩效的过程机制。过去关于信息共享的研究更多基于信息共享的直接作用，至于信息共享是如何作用于团队决策绩效的，其过程机制一直以来没有得到充分揭露，尤其是不同类型信息共享对团队决策绩效的过程机制更是保持神秘。这就使研究信息共享，尤其是不同类型信息共享对团队决策绩效的过程机制，揭露其作用过程的"黑箱"显得非常重要。在信息共享过程中，基于不同成员信息构建的交互记忆系统和基于不同成员一致认知达成的共享心智模型正向作用于团队决策绩效，基于信息异质性的关系冲突负向作用于团队决策绩效。从正负向作用的过程路径来看，信息共享不是传统研究意义上的完全正向作用于团队决策绩效，具有"双刃剑"的作用，这为重新认识和定义信息共享提供了新的思路。另外，通过实验研究进一步发现交互记忆系统、共享心智模型及关系冲突在不同类型信息共享与团队决策绩效关系中所起到的中介作用存在差异，交互记忆系统与共同信息共享不相关，只在独特信息共享与团队决策绩效关系中起中介作用，而共享心智模型与独特信息共享不相关，只在共同信息共享与团队决策绩效关系中发挥中介作用。而且，关系冲突在不同类型信息共享对团队决策绩效作用过程中所起的中介作用也不同，独特信息共享正向影响关系冲突导致团队决策绩效下降，而共同信息负向影响关系冲突提升团队决策绩效。因此，从信息不同维度研究信息共享与团队决策绩效的过程机制，可以更深入揭露信息共享与团队决策绩效之间的过程机制，为信息共享如何作用于团队决策绩效提供了新的思考。

第二，构建了不同类型信息共享对团队决策绩效作用的整体理论模型。在实证研究的基础上，信息共享与团队决策绩效之间被证实存在不确定性，并确认了团队心理安全能增强信息共享对团队决策绩效的正向作用，抑制信息共享对团队决策绩效的负向作用。但是，这个结论是基于信息共享作为单一维度变量这一前提，而实际上信息分为独特信息和共同信息。对于独特信息共享和共同信息共享的作用还存在争议：有的观点认为共同信息共享比独特信息共享重要，甚至认为独特信息共享有损团队决策绩效，从而贬低独特信息共享的作用；有的观点提出支持团队最优决策的信息分布在不同成员之间，必须充分共享这类信息才能达到最优决策方案，不重视独特信息共享最终只能导致次优决策。那么，独特信息共享与共同信息共享在团队决策中到底发挥什么样的作用，以及各自又如何作用于团队决策绩效？这方面的研究文献目前还比较少。在实证研究结论的基础上，本书利用实验研究方法从信息二维视角构建信息共享的整体理论模型，同时探讨独特信息共享与共同信息共享对团队决策绩效作用的内在机制。研究结果表明，独特信息共享和共同信息共享都在团队决策中发挥着重要作用，两者在团队决策中不可或缺，并且在本书设置的条件下（隐藏文件范式）独特信息共享比共同信息共享对团队决策绩效的作用更显著。这改变了以往对信息共享研究的单一视角，既基于同一理论模型整合了独特信息共享与共同信息共享，又有效区别了独特信息共享和共同信息共享的作用机制，有利于信息共享的深入研究。

第三，丰富了信息共享对团队决策绩效作用的情境研究。以往信息共享的情境研究主要有领导风格、任务特征、时间特征、沟通技术、功能多样性、分离群体定位、群体结构和组成、成员特点、讨论程序。虽然对信息共享的情境因素研究也比较多，但是通过梳理相关文献，发现鲜有研究从群体心理机制角度探讨信息共享的作用机制，尤其缺乏同一情境因素下对不同类型信息共享的区分。事实上，由于社会验证理论导致的信息共享顾虑，以及沟通过程中存在风险的现实，成员在团队决策讨论中并不是自由分享信息，而是选择性地分享信息，尤其是个人信息。因此，消除信息共享顾虑，促进群体成员充分共享信息，为决策方案提供多视角的信息支持，才能避免"偏见的信息取样模型"（biased information sampling model）带来的次优决策结果，最终达到团队最优决策结果。团队心理安全在彼此信任和相互尊重的基础上，能使团队成员不必担心因发表不同观点和表述不同看法而被报复，并愿意承担人际风险，有利于减少信息共享顾虑。因此，本书将团队心理安全引入信息共享活动，并证实了心理安全情境下团队成员没有信息共享顾虑，有利于信息的充分共享，另外进一步确认了心理安全情景有利于团队成员分享不为其他成员所知的个人信息，对共同信息影响不大。这不仅拓展了信息共享的情境研究，也确认了同一情境下不同类型信息的价值，丰富了信息共享研究的内容。

第三节 实践启示

本书通过实证研究和实验研究方法探讨了信息共享（包括不同类型信息共享）对团队决策绩效的作用机制，得出了相关的研究结论。这些研究结论对企业管理实践具有重要的启示。

第一，重视不同类型信息资源的共享。信息分为共同信息和独特信息，这两种不同类型信息共享对团队决策绩效的作用机制不相同。本书证实这两种信息共享对团队决策都是至关重要的：共同信息共享有利于增强团队内部凝聚力，提高团队决策的速度和内在一致性；独特信息共享有利于为团队决策提供多样化信息支持，增加团队决策备选方案。因此，要重视这两种信息资源，不可偏废其一。重视共同信息资源，意味着在组建团队时要注意同质性成员的吸纳，使团队成员在知识结构、价值观等方面尽量趋同，这样能减少在团队决策讨论过程中由于异质性带来的关系冲突,这也是很多企业招聘员工时喜欢聘用认同企业文化价值观的人的原因。同时,要重视独特信息资源,对于新产品开发等创新类活动,由于项目具有动态性和复杂性,因此需要汇聚多样化的信息。组建团队的时候也要吸纳异质性成员加入,保持团队知识结构的差异化。只基于个人爱好吸纳与自己志同道合的成员,不重视与自己具有差异化的成员,会造成团队在决策过程中缺乏有效信息,不利于创新任务的完成。

第二,发挥团队认知作用。本书证实了团队认知在信息共享与团队决策绩效关系中的中介作用,即信息共享(包括不同类型信息)可以通过交互记忆系统和共享心智模型积极作用于团队决策绩效。现实中个体成员往往不可能拥有与团队任务相关的所有信息,交互记忆系统可以把分布于不同团队成员之间的个人信息集聚成专业信息目录,在团队成员需要时可以协调和利用,这样有利于减轻团队成员信息认知压力,提高团队信息共享效率。共享心智模型也可以为团队提供一致认知框架,提高团队成员的共同认知水平,提升团队的决策效率。因此,积极发挥团队认知作用,可以有效提高团队决策绩效。首先,团队成员应向其他成员展示自己的个人信息,在其他成员记忆系统中建立信息标签,构建基于不同信息标签的专业信息目录,并随时更新自己专业信息目录中的信息标签,维持交互记忆系统的高水平状态。其次,加强对团队培训,使团队成员形成对团队关键性要素的共同认知,增强团队成员之间的信任和凝聚力,使团队成员能对其他成员的行为做出准确预期和判断,从而提高共享心智模型的水平。

第三,营造良好的团队心理安全氛围。在团队心理安全氛围下,团队内部容易建立信任,减少人际摩擦、关系冲突以及外在不必要因素的干扰,团队成员也敢于人际冒险,发表自己的观点和看法,能为团队决策任务贡献自己的努力。虽然本书证实了在团队心理安全氛围下,共同信息共享几乎不受影响,但增加了独特信息数量,团队共享信息数量总体上增加了,有利于提高团队决策绩效。因此,团队心理安全有利于提高团队决策绩效,组织领导要为团队决策活动营造良好的团队心理安全氛围。首先,在团队决策活动中,帮助团队成员树立公平的观念,在团队内部形成尊重与理解、信任与包容、公平与平等的氛围。鼓励团队成员直抒己见,敢于表达自己的不同看法,设立相应建言渠道,完善建言的保障机制,使团队内部形成建言献策的良好氛围。其次，还要引导团队成员敢于人际冒险，同时客观评价他人工作，面对问题，允许成员犯错。最后，建立灵活的团队决策规范，一方面使团队成员的信息共享行为有据可循，有章可依，确保信息共享行为的安全性；一方面增强团队决策规范的灵活性，消除规范约束性导致的信息共享顾虑。

第四节 研究局限性与未来研究展望

虽然本书取得了预期的研究效果，但是由于受条件限制，仍存在一定的局限性，但这代表了未来的研究方向。

第一，学生作为被试影响了实验的效果。鉴于实验是进行新产品模拟开发，如果进行实际开发，需要巨大财力物力投入，以及长时间的跨度，因此没有比采用学生样本更为可行的方法。这种方法也达到了预期研究效果，基本证实了本书的研究假设。但是，由于学生缺乏实际产品开发经验以及对实际产品知识的理解，实验效果自然会受到一定程度的影响，因此对学生样本的使用应该加以限制。未来研究中应考虑企业产品开发人员的参与，尤其是研究中所设定产品的开发人员的参与，此类人员对产品相关信息有更深的理解，特别是对给定的产品信息项的理解，有助于实验的开展和实验效果的提升。

第二，自我报告形式影响了数据的准确性。实验测量数据主要源于实验后被试的自我报告，这种自我报告主要依赖被试对实验过程的回忆，难免与实验现场实际发生的状况有所出入，影响测量的准确性。未来在实验中应该考虑采用更为科学的记录方法，比如统计人员现场进行详细记录，采用全程录音或者录像手段详细记录实验过程的细节，还原实验真实过程，从而保证实验测量的准确性及实验结果的可靠性。

第三，信息共享对团队决策绩效的负向作用研究不够深入。本书从团队冲突的角度以关系冲突为过程变量研究了信息共享对团队决策绩效的负向作用。虽然这在一定程度上可以反映信息共享的不利影响，也验证了研究中的相应假设，但是还不够深入。Griffith 等（2001）在研究中从冲突的视角指出信息共享还会造成过程冲突从而降低团队决策绩效。因此，今后开展信息共享对团队决策绩效的负向作用的研究时，应增加其他类似于过程冲突的中介变量，以充分探讨信息共享可能带来的不利影响，从而更全面地剖析信息共享对团队决策绩效的过程机制。

第四，团队心理安全的内容表征不足及研究深度不够。在实验中，本书只利用团队成员熟悉度和时间压力来表征团队心理安全，不足以完全表现团队心理安全的内容，因此本书的实验设计肯定存在一定的不足，实验效果自然会受到一定程度的影响。另外，本书对团队心理安全只作单维度测量，缺乏多维度测量下的深入研究。因此，今后的研究一方面要完善团队心理安全在实验中的内容表征，使实验设计能准确服务于研究目的；一方面要从多维度视角探索团队心理安全是如何影响团队信息共享的，例如 Tynan（2005）将团队心理安全分为自我心理安全与他人心理安全两个维度，国内学者吴志平等（2011）将团队心理安全划分为直抒己见、互敬互重、人际冒险、彼此信任四个维度。

参考文献

[1] AKGUN A E, BYRNE J C, KESKIN H, et al. Transactive memory system in new product development teams [J]. IEEE Transactions on Engineering Management, 2006, 53（1）: 95-111.

[2] AKKERMAN S, BOSSCHE P V D, ADMIRAAL W, et al. Reconsidering group cognition: from conceptual confusion to a boundary area between cognitive and socio-cultural perspectives? [J]. Educational Research Review, 2007, 2（1）: 39-63.

[3] AMASON A C. Distinguishing the effects of functional and dysfunctional conflict on strategic decision making: resolving a paradox for top management teams [J]. Academy of Management Journal, 1996, 39（1）: 123-148.

[4] AMASON A C, Schweiger D M. Resolving the paradox of conflict, strategic decision making, and organizational performance [J]. International Journal of Conflict Management, 1994, 5（3）: 239-253.

[5] AMP S S. Evaluating the influence of implicit models of mental disorder on processes of shared decision making within community-based multi-disciplinary teams [J]. Social Science & Medicine, 2003, 56（7）: 1557-1570.

[6] ANDRES H P, ZMUD R W. A contingency approach to software project coordination [J]. Journal of Management Information Systems, 2002, 18（3）, 41-70.

[7] ARTMAN H. Team situation assessment and information distribution [J]. Ergonomics, 2000, 43（8）: 1111-1128.

[8] AUSTIN, J R. Transactive memory in organizational groups: the effects of content, consensus, specialization, and accuracy on group performance [J]. Journal of Applied Psychology, 2003, 88(5): 866-878.

[9] BAER M, FRESE M. Innovation is not enough: climates for initiative and psychological safety, process innovations, and firm performance [J]. Journal of Organizational Behavior, 2003, 24(1): 45-68.

[10] BANKS A P, MCKERAN W J. Team situation awareness, shared displays and performance [J]. International Journal of Cognitive Technology, 2005, 10(2): 23-28.

[11] BEAL D J, COHEN R R, BURKE M J, et al. Cohesion and performance in groups: a meta-analytic clarification of construct relations[J]. Journal of Applied Psychology, 2003, 88(6): 989-1004.

[12] BENDOLY E. System dynamics understanding in projects: information sharing, psychological safety, and performance effects [J]. Production & Operations Management, 2015, 23(8): 1352-1369.

[13] BOIES K, FISET J. Leadership and communication as antecedents of shared mental models emergence [J]. Performance Improvement Quarterly, 2018, 31(3): 293-316.

[14] BONTIS N, RICHARDS D, SERENKO A. Improving service delivery: investigating the role of information sharing, job characteristics, and employee satisfaction [J]. Learning Organization, 2011, 18(3): 239-250.

[15] BOOS M, SCHAUENBURG B, STRACK M, et al. Social validation of shared and nonvalidation of unshared information in group discussions [J]. Small Group Research, 2013, 44(3): 257-271.

[16] BORGATTI M, AURICCHIO C, PELLICONI R, et al. A multi-context 6.4Gb/s/channel on-chip communication network using 0.18/spl mu/m Flash-EEPROM switches and elastic interconnects [C]. IEEE International Solid-State Circuits Conference, 2003.

[17] BOWMAN J M, WITTENBAUM G M. Time pressure affects process and performance in hidden-profile groups [J]. Small Group Research, 2012, 43(3): 295-314.

[18] BRANDON D P, HOLLINGSHEAD A B. Transactive memory systems in organizations: matching tasks, expertise, and people [J]. Organization Science, 2004, 15 (6): 633-644.

[19] BRODBECK F C, KERSCHREITER R, MOJZISCH A, et al. The dissemination of critical, unshared information in decision-making groups: the effects of pre-discussion dissent [J]. European Journal of Social Psychology, 2010, 32 (1): 35-56.

[20] BRODBECK F C, KERSCHREITER R, MOJZISCH A, et al. Group decision making under conditions of distributed knowledge: the information asymmetries model [J]. Academy of Management Review, 2007, 32 (2): 459-479.

[21] BUSSWOLDER P. The effect of a structured method on mental model accuracy in complex decision making [J]. Procedia Cirp, 2014, 20: 115-119.

[22] BUNDERSON J S, BOUMGARDEN P. Structure and learning in self-managed teams: why "bureaucratic" teams can be better learners [J]. Organization Science, 2010, 21 (3): 609-624.

[23] BUNDERSON J S, SUTCLIFFE K M. Why some teams emphasize learning more than others: evidence from business unit management teams [J]. Research on Managing Groups & Teams, 2002, 4 (2): 49-84.

[24] CANNON-BOWERS J A SALAS E, FLORE S M. Group dynamics and shared mental model development [M]. Hove: Psychology Press, 2013: 335-362.

[25] CANNON-BOWERS J A, SALAS E, BLICKENSDERFER E, et al. The impact of cross-training and workload on team functioning: a replication and extension of initial findings [J]. Human Factors: The Journal of the Human Factors and Ergonomics Society, 1998, 40 (1): 92-101.

[26] CANNON-BOWERS J A, SALAS E, CONVERSE S A. Cognitive psychology and team training: training shared mental models and complex systems [J]. Human Factors Society Bulletin, 1990, 33 (12): 1-4.

[27] CANNON-BOWERS J A, SALAS E, CONVERSE S. Shared mental models in expert team decision making [C]. Hillsdale, New Jersey: Lawrence Erlbaum Associates, Inc.,1993: 221-246.

[28] CANNON-BOWERS J A, SALAS E. Reflections on shared cognition [J].Journal of Organizational Behavior, 2001, 22（2）: 195-202.

[29] CAO X F, ALI A. Enhancing team creative performance through social media and transactive memory system [J]. International Journal of Information Management, 2018, 39: 69-79.

[30] CARSTEN K W, DE DREU, ANNELIES E M, et al. Managing relationship conflict and the effectiveness of organizational teams [J]. Journal of Organizational Behavior, 2001, 22（3）: 309-328.

[31] CHAE S W. The role of positive affect in virtual collaboration: a transactive memory system perspective [J]. Journal of The Korea Society of Computer and Information, 2016, 21（5）: 99-109.

[32] CHEN G, SHARMA P N, EDINGER S K, et al. Motivating and demotivating forces in teams: cross-level influences of empowering leadership and relationship conflict [J]. Journal of Applied Psychology, 2011, 96（3）: 541-57.

[33] CHEN M, QU L, FANG Q. How can teams work better? Based on the relationship of team psychological safety, knowledge sharing and transactive memory system [C]. Proceedings of the Second International Symposium on Public Human Resource Management ,2013: 174-183.

[34] CHEN Y. An investigation of the influencing factors of Chinese WeChat users' environmental information-sharing behavior based on an integrated model of UGT, NAM, and TPB [J]. Sustainability, 2020, 12（3）: 1-19.

[35] CHENG L, WANG Z M, ZHANG W. The effects of conflict on team decision making [J]. Social Behavior & Personality An International Journal, 2011, 39（2）: 189-198.

[36] COHEN S G, GIBSON C B. Virtual teams that work: creating conditions for effective virtual teams [M].San Francisco: Jossey-Bass, 2003.

[37] COOKE N J, SHOPE S M, RIVERA K. Control of an uninhabited air vehicle: a synthetic task environment for teams [J]. Human Factors & Ergonomics Society Annual Meeting Proceedings, 2000, 44（34）: 389-389.

[38] COOKE N J, GORMAN J C, MYERS C W, et al. Interactive team cognition [J]. Cognitive Science, 2013, 37（2）: 255-285.

[39] COOPER R G. Perspective: the stage-gate; idea-to-launch process-update, what's new, and NexGen systems [J]. Journal of Product Innovation Management, 2008, 25 (3): 213-232.

[40] CROSS L R. The strength of weak ties you can trust: the mediating role of trust in effective knowledge transfer [J]. Management Science, 2004, 50 (11): 1477-1490.

[41] CRUZ M G, HENNINGSEN D D, SMITH B A. The impact of directive leadership on group information sampling, decisions, and perceptions of the leader [J]. Communication Research, 1999, 26 (3): 349-369.

[42] DARNON C, BUCHS C, BUTERA F. Epistemic and relational conflicts in sharing identical vs. Complementary information during cooperative learning [J]. Swiss Journal of Psychology, 2002, 61: 139-151.

[43] DECHURCH L A, MESMER-MAGNUS J R. The cognitive underpinnings of effective teamwork: a meta-analysis [J]. Journal of Applied Psychology, 2010, 95(1): 32-46.

[44] De Dreu, C. K.W., Gelfand, M. J. Conflict in the workplace: sources, functions, and dynamics across multiple levels of analysis [M]. New York: Lawrence Erlbaum, 2008.

[45] De Dreu C K W, Weingart L R. Task versus relationship conflict, team performance, and team member satisfaction: a meta-analysis [J]. Journal of Applied Psychology, 2003, 88 (4): 741-9.

[46] DREU C K W D WEINGART L R. Task versus relationship conflict, team performance, and team member satisfaction: a meta-analysis [J]. Journal of Applied Psychology, 2003, 88 (4): 741-9.

[47] DENNIS A R. Information exchange and use in small group decision making [J]. Small Group Research, 1996, 27 (4): 532-550.

[48] DESANCTIS G, GALLUPE R B. Group decision support systems: a new frontier [J]. ACM SIGMIS Database, 1985, 16 (2): 3-10.

[49] DEUTSCH M. Conflicts: productive and destructive [J]. Journal of Social Issues, 1969, 25 (1): 7-42.

[50] DEUTSCH M. Sixty years of conflict [J]. International Journal of Conflict Management, 1990, 1（3）: 237-263.

[51] DE WIT F R C, GREER L L, JEHN K A. The paradox of intragroup conflict: a meta-analysis [J]. Journal of Applied Psychology, 2012, 97（2）: 360-390.

[52] DE WIT F R C, JEHN K A, SCHEEPERS D. Task conflict, information processing, and decision-making: the damaging effect of relationship conflict [J]. Organizational Behavior & Human Decision Processes, 2013, 122（2）: 177-189.

[53] DEVINE D J. Effects of cognitive ability, task knowledge, information sharing, and conflict on group decision-making effectiveness [J]. Small Group Research, 1999, 30（5）: 608-634.

[54] DOOLEY R S, FRYXELL G E. Attaining decision quality and commitment from dissent: the moderating effects of loyalty and competence in strategic decision-making teams [J]. Academy of Management Journal, 1999, 42（4）: 389-402.

[55] ECKERD S, SWEENEY K. The role of dependence and information sharing on governance decisions regarding conflict [J]. The International Journal of Logistics Management, 2018, 29（1）: 409-434.

[56] EDMONDSON A. Psychological safety and learning behavior in work teams [J]. Administrative Science Quarterly, 1999, 44（2）: 350-383.

[57] EDMONDSON A C. Speaking up in the operating room: how team leaders promote learning in interdisciplinary action teams [J]. Journal of Management Studies, 2003, 40（6）: 1419-1452.

[58] EDMONDSON A C. Learning from mistakes is easier said than done [J]. Journal of Applied Behavioral Science, 2004, 40（1）: 66-90.

[59] EDMONDSON A C. Managing the risk of learning: psychological safety in work teams [M].//EDMONDSON A C. International Handbook of Organizational Teamwork and Cooperative Working. London: Blackwell Publishing, 2008.

[60] EDMONDSON A C, LEI Z. Psychological safety: the history, renaissance, and future of an interpersonal construct [J]. Social Science Electronic Publishing, 2014, 1（1）: 23-43.

[61] EDMONDSON A C, WINSLOW A B, BOHMER R M J, et al. Learning how and learning what: effects of tacit and codified knowledge on performance improvement following technology adoption [J]. Decision Sciences, 2003, 34(2): 197-224.

[62] EISENHARDT K M, KAHWAJY J L, III L J B. Conflict and strategic choice: how top management teams disagree [J]. California Management Review, 1997, 39(2): 42-62.

[63] ELLIS A P J. System breakdown: the role of mental models and transactive memory in the relationship between acute stress and team performance [J]. Academy of Management Journal, 2006, 49(3): 576-589.

[64] ENSLEY M D, PEARCE C L. Shared cognition in top management teams: implications for new venture performance [J]. Journal of Organizational Behavior, 2001, 22(2): 145-160.

[65] ENTIN E E, SERFATY D. Adaptive team coordination [J]. Human Factors, 1999, 41(2): 312-325.

[66] SAMER F, SPROULL L. Coordinating expertise in software development teams [J]. Management Science, 2000, 46(12): 1554-1568.

[67] FARAJ, SAMER, SPROULL, et al. Coordinating expertise in software development teams [J]. Management Science, 2000, 46(12): 1554-1568.

[68] FENG X Z, LIU Y J. Trilateral game analysis on information sharing among members in a virtual team [C]// 2008 IEEE Symposium on Advanced Management of Information for Globalized Enterprises (AMIGE). IEEE, 2008.

[69] FERZANDI L A, SKATTEBO A L, TERRELL I S, et al. Will they share? team problem −solving in computer mediated environments [C]. Chicago: 19th Annual Society for Industrial and Organizational Psychology Conference, 2004.

[70] FESTINGER L. A theory of social comparison processes [J]. Human Relations, 1954, 7: 117-140.

[71] FIORE S M, SALAS E, CANNON-BOWERS J A. Group dynamics and shared mental model development [J]. How people evaluate others in organizations, 2001(1): 234-246.

[72] FRAZIER M L, FAINSHMIDT S, KLINGER R L, et al. Psychological safety: a meta-analytic review and extension [J]. Personnel Psychology, 2017, 70（1）: 113-165.

[73] FRISHAMMAR J, SVENÅKE HÖRTE. Managing external information in manufacturing firms: the impact on innovation performance [J]. Journal of Product Innovation Management, 2010, 22（3）: 251-266.

[74] GARG A, GOYAL D P, LATHER A S. The influence of the best practices of information system development on software SMEs: a research scope [J]. International Journal of Business Information Systems, 2010, 5（3）: 268-293.

[75] GERSHKOV A, LI J, SCHWEINZER P. How to share it out: the value of information in teams [J]. Journal of Economic Theory, 2016, 162（7）: 261-304.

[76] GIBSON C B, GIBBS J L. Unpacking the concept of virtuality: the effects of geographic dispersion, electronic dependence, dynamic structure, and national diversity on team innovation [J]. Administrative Science Quarterly, 2006, 51（3）: 451-495.

[77] GIBSON C, VERMEULEN F. A healthy divide: subgroups as a stimulus for team learning behavior [J]. Administrative Science Quarterly, 2003, 48（2）: 202-239.

[78] GIGONE D, HASTIE R. The common knowledge effect: information sharing and group judgment [J]. Journal of Personality & Social Psychology, 1993, 65（5）: 959-974.

[79] GILHOOLY K J. Thinking, directed, undirected and creative [J]. The American Journal of Psychology, 1984, 96（4）: 95-112.

[80] GISSEL J L, JOHNSTONE K M. Information sharing during auditors' fraud brainstorming: effects of psychological safety and auditor knowledge [J]. Auditing: A Journal of Practice & Theory, 2017, 36（2）: 87-110.

[81] GRAND J A, BRAUN M T, KULJANIN G, et al. The dynamics of team cognition: a process-oriented theory of knowledge emergence in teams [J]. Journal of Applied Psychology, 2016, 101（10）: 1353-1385.

[82] GREITEMEYER T, SCHILZ-HARDT S, BRODBECK F C, et al. Information sampling and group decision making: the effects of an advocacy decision procedure and task experience [J]. Journal of Experimental Psychology Applied, 2006, 12(1): 31-42.

[83] GRIFFITH T L, NEALE M A. Information processing in traditional, hybrid, and virtual teams: from nascent knowledge to transactive memory [J]. Research in Organizational Behavior, 2001, 23 (1): 379-421.

[84] GUCHAIT P, HAMILTON K. The temporal priority of team learning behaviors vs. shared mental models in service management teams [J]. International Journal of Hospitality Management, 2013, 33: 19-28.

[85] GUETZKOW H, GYR J. An analysis of conflict in decision-making groups [J]. Human Relations, 1954, 7 (3): 367-382.

[86] GUMMERUM M, LEMAN P J, HOLLINS T S. Children's collaborative recall of shared and unshared information [J]. British Journal Development Psychology, 2013, 31 (3): 302-317.

[87] GUPTA A K, GOVINDARAJAN V. Knowledge flows within multinational corporations [J]. Strategic Management Journal, 2000, 21 (4): 473-496.

[88] HOCH J E. Shared leadership, diversity, and information sharing in teams [J]. Journal of Managerial Psychology, 2014, 29 (5): 541-564.

[89] HAHM S. Information sharing and creativity in a virtual team: roles of authentic leadership, sharing team climate and psychological empowerment [J]. KSII Transactions on Internet and Information Systems, 2017, 11 (8): 4105-4119.

[90] HAMBRICK D C, MASON P A. Upper Echelons: the organization as a reflection of its top managers [J]. Academy of Management Review, 1984, 9 (2): 193-206.

[91] HANS V D, BERTOLT M, MARLOES V E, et al. If it doesn't help, it doesn't hurt? information elaboration harms the performance of gender-diverse teams when attributions of competence are inaccurate [J]. PLoS ONE, 2018, 13 (7): e0201180.

[92] HART S, HULTINK E J, TZOKAS N, et al. Industrial companies' evaluation criteria in new product development gates [J]. Journal of Product Innovation Management, 2003, 20 (1): 22-36.

[93] HE J, BUTLER B S, KING W R. Team cognition: development and evolution in software project teams [J]. Journal of Management Information Systems, 2007, 24 (2): 261-292.

[94] HENARD D H, SZYMANSKI D M. Why some new products are more successful than others [J]. Journal of Marketing Research, 2001, 38 (3): 362-375.

[95] HENRY R A. Improving group judgment accuracy: information sharing and determining the best member [J]. Organizational Behavior & Human Decision Processes, 2007, 62 (2): 190-197.

[96] HO Y C. Team decision theory and information structures [J]. Proceedings of the IEEE, 1980, 68 (6): 644-654.

[97] HINSZ V B, VOLLRATH D A, TINDALE R S. The emerging conceptualization of groups as information processors [J]. Psychological Bulletin, 1997, 121 (1): 43-64.

[98] HOBMAN E V, BORDIA P, IRMER B, et al. The expression of conflict in computer-mediated and face-to-face groups [J]. Small Group Research, 2002, 33 (4): 439-465.

[99] HODGKINSON G P, HEALEY M P. Cognition in organizations [J]. Annual Review of Psychology, 2008, 59 (1): 387-417.

[100] HOLLINGSHEAD A B. The rank-order effect in group decision making [J]. Organizational Behavior and Human Decision Processes, 1996, 63: 181-193.

[101] HOLLINGSHEAD A B, BRANDON D P. Potential benefits of communication in transactive memory systems [J]. Human Communication Research, 2010, 29 (4): 607-615.

[102] HOLLINGSHEAD A B, FRAIDIN S N. Gender stereotypes and assumptions about expertise in transactive memory [J]. Journal of Experimental Social Psychology, 2003, 39 (4): 355-363.

[103] HOMAN A C, KNIPPENBERG D V, VAN KLEEF G A V, et al. Bridging faultlines by valuing diversity: diversity beliefs, information elaboration and performance in diverse work groups [J]. Journal of Applied Psychology, 2007 (92): 1189-1199.

[104] HU J, ERDOGAN B, JIANG K, et al. Leader humility and team creativity: the role of team information sharing, psychological safety, and power distance [J]. Journal of Applied Psychology, 2018, 103 (3): 313-323.

[105] JACKSON J D, YI M Y, LIU L C. The effects of information sharing, collective efficacy and team conflict on system development team performance [J]. International Journal of Business and Systems Research, 2013, 7 (3): 318-337.

[106] JACKSON P, KLOBAS J. Transactive memory systems in organizations: implications for knowledge directories [J]. Decision Support Systems, 2008, 44: 409-424.

[107] WALL J A, CALLISTER R R. Conflict and its management [J]. Journal of Management, 1995, 21 (3): 515-558.

[108] JACKSON P, KLOBAS J. Transactive memory systems in organizations: implications for knowledge directories [J]. Decision Support Systems, 2008, 44: 409-424.

[109] JAMES R. LARSON, J R, EDWARD G, SARGIS, et al. Holding shared versus unshared information: its impact on perceived member influence in decision-making groups [J]. Basic & Applied Social Psychology, 2002, 24 (2): 145-155.

[110] JAMES A, WALL, et al. Conflict and its management [J]. Journal of Management, 1995, 21 (3): 515-558.

[111] JAMES L R. Aggregation bias in estimates of perceptual agreement [J]. Journal of Applied Psychology, 1982, 67 (2): 219-229.

[112] JAMES L R, DEMAREE R G, WOLF G. Rwg: an Assessment of within-group interrater agreement [J]. Journal of Applied Psychology, 1993, 78 (2): 306-309.

[113] JANSSEN O, VLIERT E V D, VEENSTRA C. How task and person conflict shape the role of positive interdependence in management teams [J]. Journal of Management, 1999, 25 (2): 117-141.

[114] JEHN K A. A multimethod examination of the benefits and detriments of intragroup conflict [J]. Administrative Science Quarterly, 1995, 40 (2): 256-282.

[115] JEHN K A, CHADWICK C, THATCHER S M B. To agree or not to agree: the effects of value congruence, individual demographic dissimilarity, and conflict on workgroup outcomes [J]. International Journal of Conflict Management, 1997, 8(4): 287-305.

[116] JEHN K A, MANNIX E A. The dynamic nature of conflict: a longitudinal study of intragroup conflict and group performance [J]. Academy of Management Journal, 2001, 44 (2): 238-251.

[117] JESSICA R. MESMER-MAGNUS, LESLIE A. Information sharing and team performance: a meta-analysis [J]. IEEE Engineering Management Review, 2012, 40 (1): 119-136.

[118] JIMENEZ-RODRIGUEZ M. Two pathways to performance: affective and motivationally driven development in virtual multiteam systems [D]. Florida: University of Central Florida, 2012.

[119] JIMENEZ-RODRIGUEZ M. Two pathways to performance: affective and motivationally driven development in virtual multiteam systems [D]. Florida: University of Central Florida, 2012.

[120] KANAWATTANACHAI P, YOO Y. The impact of knowledge coordination on virtual team performance over time [J]. Mis Quarterly, 2007, 31 (4): 783-808.

[121] KILDUFF M, ANGELMAR R, MEHRA A. Top management-team diversity and firm performance: examining the role of cognitions [J]. Organization science, 2000, 11 (1): 21-34.

[122] KILMANN, R H, THOMAS, K W. Four perspectives on conflict management: an attributional framework for organizing descriptive and normative theory [J]. Academy of Management Review, 1978, 3 (1), 59-68.

[123] KIM Y, KIM I H. The effects of personality and leader consideration behavior on team cohesiveness [J]. Korean Journal of Industrial and Organizational Psychology, 2018, 31 (1): 195-220.

[124] KIRKMAN B L, CORDERY J L, MATHIEU J, et al. Global organizational communities of practice: the effects of nationality diversity, psychological safety, and media richness on community performance [J]. Human Relations, 2013, 66 (3): 333-362.

[125] KLIMOSKI R, MOHAMMED S. Team mental model: construct or metaphor? [J]. Journal of Management, 1994, 20 (20): 403-437.

[126] KOLB M R, SWOL L V. Manipulating a synchronous or separatist group orientation to improve performance on a hidden profile task [J]. Group Processes & Intergroup Relations, 2018, 21(1): 57-72.

[127] KONTOGHIORGHES C, AWBRE S M, FEURIG P L. Examining the relationship between learning organization characteristics and change adaptation, innovation, and organizational performance [J]. Human Resource Development Quarterly, 2010, 16(2): 185-212.

[128] KOZLOWSKI S, ILGEN D R. Enhancing the effectiveness of work groups and teams [J]. Psychological Science in the Public Interest, 2006, 7(3): 77-124.

[129] KUMAR K A. How do team cohesion and psychological safety impact knowledge sharing in software development projects? [J]. Knowledge & Process Management, 2018, 25(11): 163-178.

[130] LYNN G S, BYRNE J, KESKIN H, et al. Knowledge networks in new product development projects: a transactive memory perspective [J]. Information & Management, 2005, 42(8): 1105-1120.

[131] LARSON J R, SARGIS E G, ELSTEIN A S, et al. Holding shared versus unshared information: its impact on perceived member influence in decision-making groups [J]. Basic & Applied Social Psychology, 2002, 24(2): 145-155.

[132] LAM S S K, SCHAUBROECK J. Information sharing and group efficacy influences on communication and decision quality [J]. Asia Pacific Journal of Management, 2011, 28(3): 509-528.

[133] LANGFRED C W. The downside of self-management: a longitudinal study of the effects of conflict ontrust, autonomy, and task interdependence in self-managing teams [J]. Academy of Management Journal, 2007, 50: 885-900.

[134] LARSON J R. In search of synergy in small group performance [M]. London: Psychology Press, 2010.

[135] LARSON J R, FOSTER-FISHMAN P G, FRANZ T M. Leadership style and the discussion of shared and unshared information in decision-making groups [J]. Personality & Social Psychology Bulletin, 1998, 24(5): 482-495.

[136] LEE, PAULINE et al. Leadership and trust: their effect on knowledge sharing and team performance [J].Management learning, 2010, 41 (4): 473-491.

[137] LEE E K. A multilevel investigation of the effect of task conflict on creative performance: focusing on the role of information sharing and team trust [D]. Champaign: University of Illinois at Urbana-Champaign, 2014.

[138] LEE J Y, SWINK M, PANDEJPONG T. The roles of worker expertise, information sharing quality, and psychological safety in manufacturing process innovation: an intellectual capital perspective [J]. Production & Operations Management, 2011, 20 (4): 556-570.

[139] LEIPPE M R, EISENSTADT D, RAUCH S M, et al. Timing of eyewitness expert testimony, jurors' need for cognition, and case strength as determinants of trial verdicts [J]. Journal of Applied Psychology, 2004, 89 (3): 524-541.

[140] LEROY H, DIERYNCK B, ANSEEL F, et al. Behavioral integrity for safety, priority of safety, psychological safety, and patient safety: a team-level study [J]. Journal of Applied Psychology, 2012, 97 (6): 1273-81.

[141] LEWICKI R J, BARRY B, SAUNDERS D M. Essentials of negotiation [M]. Boston: McGraw-Hill Education, 2010.

[142] LEWIS K. Measuring transactive memory systems in the field: scale development and validation [J]. Journal of Applied Psychology, 2003, 88 (4): 587-604.

[143] LEWICKI R J, BARRY B, SAUNDERS D M. Essentials of negotiation [M]. Boston, Mass: McGraw-Hill/Irwin, 2010.

[144] LEWIS K. Knowledge and performance in knowledge-worker teams: a longitudinal study of transactive memory systems [J]. Management Science, 2004, 50 (11): 1519-1533.

[145] LEWIS K, HERNDON B. Transactive memory systems: current issues and future research directions [J]. Organization Science, 2011, 22 (5): 1254-1265.

[146] LI S X, SANDINO T. Effects of an information sharing system on employee creativity, engagement, and performance [J]. Journal of Accounting Research, 2018, 56 (2): 713-747.

[147] LI Y, ZHAN Z H, LIN S, et al. Competitive and cooperative particle swarm optimization with information sharing mechanism for global optimization problems [J]. Information Sciences, 2015, 293（3）: 370-382.

[148] LIANG D W, MORELAND R L, ARGOTE L. Group versus individual training and group performance: the mediating role of transactive memory [J]. Personality and Social Psychology Bulletin, 1995, 21（4）: 384-393.

[149] LIM B C, KLEIN K J. Team mental models and team performance: a field study of the effects of team mental model similarity and accuracy [J]. Journal of Organizational Behavior, 2006, 27（4）: 403-418.

[150] LOASBY B J. Knowledge, institutions and evolution in economics [M]. New York: Routledge, 1999.

[151] LU L, LEUNG K, KOCH P T. Managerial knowledge sharing: the role of individual, interpersonal, and organizational factors [J]. Social Science Electronic Publishing, 2010, 2（1）: 15-41.

[152] LU L, YUAN Y C, MCLEOD P L. Twenty-five years of hidden profiles in group decision making: a meta-analysis [J]. Personality & Social Psychology Review An Official Journal of the Society for Personality & Social Psychology Inc, 2012, 16（1）: 54-75.

[153] LUO S, WANG J, XIAO Y, et al. Two-path model of information sharing in new product development activities. Information Development, 2020, 36, 312-326.

[154] MESMER-MAGNUS J R, DECHURCH L A. Information sharing and team performance: a meta-analysis [J]. IEEE Engineering Management Review, 2012, 40（1）: 119-136.

[155] MARCH J G, SIMON H. Organizations[M]. New York: Wiley, 1958.

[156] MATHER L, YNGVESSON B. Disputes, social construction and transformation [M]. Amsterdam: Elsevier, 2001.

[157] MARTINS L L, SCHILPZAND M C, KIRKMAN B L, et al. A contingency view of the effects of cognitive diversity on team performance: the moderating roles of team psychological safety and relationship conflict [J]. Post-Print, 2013, 44（2）: 96-126.

[158] MATHIEU J E, HEFFNER T S, GOODWIN G F, et al. The influence of shared mental models on team process and performance [J]. Journal of Applied Psychology, 2000, 85(2): 273-283.

[159] MAYNARD M T, GILSON L L. The role of shared mental model development in understanding virtual team effectiveness [J]. Group & Organization Management, 2014, 39(1): 3-32.

[160] MESMER-MAGNUS J R, DECHURCH L A. Information sharing and team performance: a meta-analysis [J]. Journal of Applied Psychology, 2009, 94(2): 535-546.

[161] MESMER-MAGNUS J R, DECHURCH L A, JIMENEZ-RODRIGUEZ M, et al. A meta-analytic investigation of virtuality and information sharing in teams [J]. Organizational Behavior & Human Decision Processes, 2011, 115(2): 214-225.

[162] MIRANDA S M, SAUNDERS C S. The social construction of meaning: an alternative perspective on information sharing [J]. Information Systems Research, 2003, 14(1): 87-106.

[163] MOHAMMED S, FERZANDI L, HAMILTON K. Metaphor no more: a 15-year review of the team mental model construct [J]. Journal of Management, 2010, 36(4): 876-910.

[164] MOJZISCH A, SCHULZ-HARDT S, KERSCHREITER R, et al. Social validation in group decision-making: differential effects on the decisional impact of preference-consistent and preference-inconsistent information [J]. Journal of Experimental Social Psychology, 2008, 44(6): 1477-1490.

[165] MONGE P R, COZZENS M D, CONTRACTOR N S. Communication and motivational predictors of the dynamics of organizational innovation [J]. Organization Science, 1992, 3(2): 250-274.

[166] MORELAND R L, MYASKOVSKY L. Exploring the performance benefits of group training: transactive memory or improved communication? [J]. Organizational Behavior & Human Decision Processes, 2000, 82(1): 117-133.

[167] MORRISON E W. Newcomer information seeking: exploring types, modes, sources, and outcomes [J]. Academy of Management Journal, 1993, 36(3):

557-589.

[168] MOYE N A, LANGFRED C W. Information sharing and group conflict: going beyond decision making to understand the effects of information sharing on group performance [J]. International Journal of Conflict Management, 2004, 15 (4): 381-410.

[169] NIGHTINGALE P. Organizational routines as a unit of analysis [J]. Industrial and Corporate Change, 2005, 14 (5): 793-815.

[170] NOROOZI O, BIEMANS J A. Scripting for construction of a transactive memory system in multidisciplinary CSCL environments [J].Learning and Instruction, 2013, 25: 1-12.

[171] OSHRI I, VRIES H D. Standards battles in open source software [M]. London: Pagrave Macmillan, 2008.

[172] PULLÉS, D C GUTIÉRREZ L J G, LLORÉNS-MONTES F J. Transactive memory system and TQM: exploring knowledge capacities [J]. Industrial Management & Data Systems, 2013, 113 (1-2): 294-318.

[173] PARAYITAM S, DOOLEY R S. The interplay between cognitive-and affective conflict and cognition-and affect-based trust in influencing decision outcomes [J]. Journal of Business Research, 2009, 62 (8): 789-796.

[174] PELTOKORPI V. Transactive memory directories in small work units [J]. Personnel review, 2004, 33 (4): 446-467.

[175] PEARSALL M J, ELLIS A P J. The effects of critical team member assertiveness on team performance and satisfaction [J]. Journal of Management, 2015, 32 (4): 575-594.

[176] PELLED L H. Demographic diversity, conflict, and work group outcomes: an intervening process theory [J]. Organization Science, 1996, 7 (6): 615-631.

[177] PELLED L H, EISENHARDT K M, XIN K R. Exploring the black box: an analysis of work group diversity, conflict, and performance [J]. Administrative Science Quarterly, 1999, 44: 1-28.

[178] PELTOKORPI V, HASU M. Transactive memory systems in research team innovation: a moderated mediation analysis [J]. Journal of Engineering and Technology Management, 2016, 39: 1-12.

[179] PINKLEY R L. Dimensions of conflict frame: disputant interpretations of conflict [J]. Journal of Applied Psychology, 1990, 75（2）: 117-126.

[180] PONDY L R. Organizational conflict: concepts and models [J]. Administrative Science Quarterly, 1967, 12（2）: 296-320.

[181] POSTMES T, SPEARS R, CIHANGIR S. Quality of decision making and group norms [J]. Journal of Personality Social Psychology, 2001, 80（6）: 918-930.

[182] PRIEM R L, PRICE K H. Process and outcome expectations for the dialectical inquiry, devil's advocacy, and consensus techniques of strategic decision making [J]. Group & Organization Management An International Journal, 1991, 16（2）: 206-225.

[183] PRINCE C, ELLIS E, BRANNICK M T, et al. Measurement of team situation awareness in low experience level aviators [J]. The International Journal of Aviation Psychology, 2007, 17（1）: 41-57.

[184] QIAN J, ZHANG W, QU Y, et al. The enactment of knowledge sharing: the roles of psychological availability and team psychological safety climate [J]. Frontiers in Psychology, 2020. DOI: 10.3389/fpsyg.2020.551366.

[185] RAHIM M. A. Managing conflict in organizations: fourth edition [M]. New Brunswick: Transaction Publishers, 2011.

[186] RAU D. The influence of relationship conflict and trust on the transactive memory: performance relation in top management teams [J]. Small Group Research, 2005, 36（6）: 746-771.

[187] REN Y, CARLEY K M, ARGOTE L. The contingent effects of transactive memory: when is it more beneficial to know what others know? [J]. Management Science, 2006, 52（5）: 671-682.

[188] RENTSCH J R, KLIMOSKI R J. Why do'great minds' think alike? antecedents of team member schema agreement [J]. Journal of Organizational Behavior, 2001, 22（2）: 107-120.

[189] ROBBINS et al. The corporate ombuds: a new approach to conflict management [J]. Negotiation Journal, 1986, 2（2）: 195-205.

[190] Ross R S, Ross J R. Small groups in organizational settings[M]. Eaglewood Cliffs: Prentice Hall, 1989.

[191] RULKE D L, RAU D. Investigating the encoding process and transactive memory development in group training [J]. Group & Organization Management, 2000, 25(4): 373-396.

[192] SAFDAR U, BADIR Y F, AFSAR B. Who can I ask? how psychological safety affects knowledge sourcing among new product development team members [J]. Journal of High Technology Management Research, 2017, 28 (1): 79-92.

[193] Santos C M, Uitdewilligen S, Passos A M. Why is your team more creative than mine? the influence of shared mental models on intra-group conflict, team creativity and effectiveness [J]. Creativity and Innovation Management, 2015, 24 (4): 645-658.

[194] SAVADORI L, SWOL L V, SNIEZEK J A. Information sampling and confidence within groups and judge advisor systems [J]. Communication Research, 2001, 28 (6): 737-771.

[195] SAVOLAINEN REIJO. Research in information science award: everyday life information seeking [J]. Bulletin of the Association for Information Science & Technology, 2017, 43 (3): 53-56.

[196] SCHEIN E H, BENNIS W G. Personal and organizational change through group methods: the laboratory approach [M]. New Jersey: Wiley, 1965.

[197] SCHEIN E H. On dialogue, culture, and organizational learning [J]. Organizational Dynamics, 1993, 22 (2): 40-51.

[198] SCHOLTEN L, KNIPPENBERG D V, NIJSTAD B A, et al. Motivated information processing and group decision-making: effects of process accountability on information processing and decision quality [J]. Journal of Experimental Social Psychology, 2007, 43 (4): 539-552.

[199] SHANNON C E. A mathematical theory of communication [J]. The Bell system technical journal, 1948, 27 (3): 379-423.

[200] SIEMSEN E, ROTH A V, BALASUBRAMANIAN S, et al. The influence of psychological safety and gonfidence in knowledge on employee knowledge sharing [J]. Manufacturing & Service Operations Management, 2009, 11(3): 429-447.

[201] SENGE PETER M. Mental models [J]. Planning Review, 1992, 20(2): 4-44.

[202] SHERF E N, SINHA R, TANGIRALA S, et al. Centralization of member voice in teams: its effects on expertise utilization and team performance[J]. Journal of Applied Psychology, 2018, 103(8): 813-827.

[203] SHIFLETT S. Toward a general model of small group productivity [J]. Psychological Bulletin, 1979, 86(1): 67-79.

[204] SHIN S J, KIM T Y, LEE J Y, et al. Cognitive team diversity and individual team member creativity: a cross-level interaction [J]. Academy of Management Journal, 2012, 55(1): 197-212.

[205] SIMONS T L, PETERSON R S. Task conflict and relationship conflict in top management teams: the pivotal role of intragroup trust [J]. Journal of Applied Psychology, 2000, 85(1): 102-111.

[206] SMITH C G. A comparative analysis of some conditions and consequences of intra-organizational conflict[J]. Administrative Science Quarterly,1966,10(4): 504-529.

[207] SPERLING B K. Information sharing strategies to improve team mental models in complex systems [J]. Georgia Institute of Technology, 2005, 62(6): 142-153.

[208] STASSER G, STEWART D. Discovery of hidden profiles by decision-making groups: solving a problem versus making a judgment [J]. Journal of Personality & Social Psychology, 1992, 63(3): 426-434.

[209] STASSER G, TITUS W. Effects of information load and percentage of shared information on the dissemination of unshared information during group discussion [J]. Journal of Personality & Social Psychology, 1987, 53(1): 81-93.

[210] STASSER G, TITUS W. Hidden profiles: a brief history [J]. Psychological Inquiry, 2003, 14(3-4): 304-313.

[211] STASSER G, TITUS W. Pooling of unshared information in group decision making: biased information sampling during discussion [J]. Journal of Personality & Social Psychology, 1985, 48(48): 1467-1478.

[212] STEENBRUGGEN J, NIJKAMP P, SMITS J M, et al. Traffic incident and crisis management: challenges and obstacles in information sharing [J]. Research Memorandum, 2015, 2013 (26): 4422-4425.

[213] STEWART D D, STASSER G. The sampling of critical, unshared information in decision-making groups: the role of an informed minority[J]. European Journal of Social Psychology, 1998, 28 (1): 95-113.

[214] STEWART D D, STASSER G. Expert role assignment and information sampling during collective recall and decision making [J]. Journal of Personality & Social Psychology, 1995, 69 (4): 619-628.

[215] STASSER G, VAUGHAN S I, STEWART D D. Pooling unshared information: the benefits of knowing how access to information is distributed among group members [J]. Organizational Behavior & Human Decision Processes, 2000, 82 (1): 102-116.

[216] STEINEL W, UTZ S, KONING L. The good, the bad and the ugly thing to do when sharing information: revealing, concealing and lying depend on social motivation, distribution and importance of information [J]. Organizational Behavior and Human Decision Processes, 2010, 113 (2): 85-96.

[217] STOUT R J, CANNON-BOWERS J A, SALAS E. The role of shared mental models in developing team situational awareness: implications for training [M]. New York: Routledge, 2017.

[218] Super J F, Li P, Ishqaidef G, et al. Group rewards, group composition and information sharing: a motivated information processing perspective [J]. Organizational Behavior & Human Decision Processes, 2016, 134: 31-44.

[219] SUSAN, HOLM, JANE, et al. Waiting for the other shoe to drop: help for the job-insecure employee [J]. Journal of Employment Counseling, 2011, 36 (4): 155-166.

[220] SWOL L M V, KOLB M. Group information sharing [M]. The International Encyclopedia of Interpersonal Communication. 2015.

[221] TEDESCHI, J T, SCHLENKER, B R, BONOMA, T V. Cognitive dissonance: Private ratiocination or public spectacle [J].American Psychologist, 1971, 26 (8): 685-695.

[222] TEKLEAB A G, QUIGLEY N R. Team deep-level diversity, relationship conflict, and team members' affective reactions: a cross-level investigation [J]. Journal of Business Research, 2014, 67(3): 394-402.

[223] TSAI M H, BENDERSKY C. The pursuit of information sharing: expressing task conflicts as debates vs. disagreements increases perceived receptivity to dissenting opinions in groups [J]. Organization Science, 2016, 27(1): 141-156.

[224] TURNER J R. Knowledge sharing: examining employee perceptions using structural equation modeling [D]. Texas: University of North Texas, 2015.

[225] TURNER J R, CHEN Q, DANKS S. Team shared cognitive constructs: a meta-analysis exploring the effects of shared cognitive constructs on team performance [J]. Performance Improvement Quarterly, 2014, 27(1): 83-117.

[226] TYNAN R. The effects of threat sensitivity and face giving on dyadic psychological safety and upward communication [J]. Journal of Applied Social Psychology, 2005, 35(2): 223-247.

[227] VREEDE T D. The effect of regulatory focus, information sharing, and shared mental models on consensus [D]. Nebraska: University of Nebraska, 2012.

[228] VEEN D J V, KUDESIA R S, HEINIMANN H R. An agent-based model of collective decision-making: how information sharing strategies scale with information overload [J]. IEEE Transactions on Computational Social Systems, 2020, 7(3): 751-767.

[229] VOLPE J M. In the mind of a teacher: an examination of the role of reflection and collaboration in decision-making [D]. New York: Fordham University, 1998.

[230] VREEDE T D, REITERPALMON R, VREEDE G J D. The effect of shared mental models on consensus [C]. Hawaii International Conference on System Sciences. IEEE, 2013.

[231] WIT F R C D, GREER L L, JEHN K A. The paradox of intragroup conflict: a meta-analysis [J]. Journal of Applied Psychology, 2012, 97(2): 360-390.

[232] WITTENBAUM G M, HOLLINGSHEAD A B, BOTERO I C. From cooperative to motivated information sharing in groups: moving beyond the hidden profile paradigm [J]. Communication Monographs, 2004, 71(3): 286-310.

[233] Wit F R C D, Jehn K A, Scheepers D. Task conflict, information processing, and decision-making: the damaging effect of relationship conflict [J]. Organizational Behavior & Human Decision Processes, 2013, 122（2）: 177-189.

[234] WITTENBAUM G M, HOLLINGSHEAD A B, BOTERO I C. From cooperative to motivated information sharing in groups: moving beyond the hidden profile paradigm [J]. Communication Monographs, 2004, 71（3）: 286-310.

[235] WANG Y Y, HUANG Q, DAVISON R M, et al. Effect of transactive memory systems on team performance mediated by knowledge transfer [J]. International Journal of Information Management, 2018, 41: 65-79.

[236] WARING S, ALISON L, CARTER G, et al. Information sharing in interteam responses to disaster [J]. Journal of Occupational & Organizational Psychology, 2018, 91（1）: 1-29.

[237] WELDY T G, GILLIS W E. The learning organization: variations at different organizational levels [J]. Learning Organization, 2010, 17（5）: 455-470.

[238] WEGNER D M. Transactive memory: a contemporary analysis of the group mind [M]. New York: Springer, 1987.

[239] WEGNER D M. A computer network model of human transactive memory [J]. Social Cognition, 2011, 13（3）: 319-339.

[240] WEGNER D M, GIULIANO T, HERTEL P T. Cognitive interdependence in close relationships [M]. New York: Springer, 1985.

[241] WEICK K E. The vulnerable system: an analysis of the Tenerife air disaster[J]. Journal of management, 1990, 16（3）: 571-593.

[242] WEGNER D M. A computer network model of human transactive memory [J]. Social cognition, 1995, 13（3）: 319-339.

[243] WELLENS A R. Group situation awareness and distributed decision making: from military to civilian application [M]. Hlllsdale, NJ: Lawrence Erlbaunl Associates, 1993.

[244] WHELAN E, TEIGLAND R. Transactive memory systems as a collective filter for mitigating information overload in digitally enabled organizational groups [J]. Information and Organization, 2013, 23（3）: 177-197.

[245] WELLER J M, TORRIE J, BOYD M J, et al. Improving team information sharing with a structured call-out in anaesthetic emergencies: a randomized controlled trial [J]. Bja the British Journal of Anaesthesia, 2014, 112（6）: 1042-1049.

[246] WITTEMAN H. Group member satisfaction: a conflict-related accout [J]. Small Group Reseach, 1991（22）: 24-58.

[247] WITTENBAUM G M, HUBBELL A P, ZUCKERMAN C. Mutual enhancement: toward an understanding of the collective preference for shared information [J]. Journal of Personality & Social Psychology, 1999, 77（5）: 967-978.

[248] WILLIAM A KAHN. Psychological conditions of personal engagement and disengagement at work [J]. The Academy of Management Journal, 1990, 33（4）: 692-724.

[249] WITTENBAUM G M. Information sampling in decision-making groups: the impact of members' task-relevant status [J]. Small Group Research, 1998, 29（1）: 57-84..

[250] WOOLDRIDGE B, FLOYD S W. The strategy process, middle management involvement, and organizational performance [J]. Strategic Management Journal, 1990, 11（3）: 231-241.

[251] WITTENBAUM G M, PARK E S. The collective preference for shared information[J]. Current Directions in Psychological Science, 2001, 10（2）: 70-73.

[252] XIAO Y, ZHANG H, BASADUR T M. Does information sharing always improve team decision making? an examination of the hidden profile condition in new product development [J]. Journal of Business Research, 2016, 69（2）: 587-595.

[253] XU Y. Information sharing in work groups: a transactive memory approach [D]. California: University of Southern California, 2005.

[254] YEN J, FAN X, SUN S, et al. Agents with shared mental models for enhancing team decision makings[J]. Decision Support Systems, 2006, 41（3）: 634-653.

[255] 鲍晓娜. 交互记忆、共享心智对软件外包团队项目绩效影响研究 [D]. 大连: 大连理工大学, 2017.

[256] 白新文，刘武，林琳．共享心智模型影响团队绩效的权变模型[J]．心理学报，2011，43（5）：561-572．

[257] 戴佩华．团队任务冲突对团队决策绩效的影响研究[D]．成都：西南交通大学，2016．

[258] 戴佩华，范莉莉．团队任务冲突对决策质量的影响及信任在影响过程中的作用[J]．预测，2014（6）：31-36．

[259] 戴佩华．领导风格和团队冲突控制的实验研究[J]．外国经济与管理，2018，40（2）：83-92．

[260] 陈婷，孙晓敏．团队决策中的共享信息偏差：基于隐藏文档范式的机制、影响因素探究[J]．心理科学进展，2016，24（1）：132-142．

[261] 陈帅．团队断裂带对团队绩效的影响：团队交互记忆系统的作用[J]．心理学报，2016，48（1）：84-94．

[262] 陈磊．知识型团队决策过程冲突及其管理研究[D]．重庆：重庆大学，2012．

[263] 陈权，尹俣潇，施国洪．团队情绪智力对团队冲突及管理风格影响研究：基于企业高层管理团队的实证分析[J]．领导科学，2014（35）：30-32．

[264] 陈晓红，赵可．团队冲突、冲突管理与绩效关系的实证研究[J]．南开管理评论，2010（5）：31-35．

[265] 陈振娇，赵定涛．关系冲突影响团队产出的中介机制研究[J]．北京理工大学学报（社会科学版），2011，13（3）：5-10．

[266] 陈彦亮，高闯．基于团队互动的企业惯例演化机制研究[J]．财贸研究，2012，23（06）：95-103．

[267] 曹洲涛，李语嫣．员工创新行为缘何不同：成就目标导向对员工创新行为影响的双路径研究[J/OL]．科技进步与对策，2020（6）：1-9．

[268] 曹洲涛，李语嫣．员工创新行为缘何不同：成就目标导向对员工创新行为影响的双路径研究[J]．科技进步与对策，2021，38（01）：140-148

[269] 戴佩华．团队任务冲突对团队决策绩效的影响研究[D]．成都：西南交通大学，2016．

[270] 戴佩华，范莉莉．团队任务冲突对决策质量的影响及信任在影响过程中的作用[J]．预测，2014（6）：31-36．

[271] 戴佩华.领导风格和团队冲突控制的实验研究[J].外国经济与管理,2018,40(2):83-92.

[272] 戴延君.子团队类型和子团队平衡性对团队决策质量的影响研究[D].杭州:浙江理工大学,2016.

[273] 丁君风,姜进章.FTF与CMC沟通形态与冲突强度、沟通满意度的关系研究[J].南京社会科学,2012(8):33-40.

[274] 窦红宾,马莉.社会网络和团队认知对团队知识转移的影响[J].西安航空技术高等专科学校学报,2011,29(2):32-35.

[275] 顾仰洁,田新民,李宁.团队氛围影响下信息异质性与团队士气关系研究[J].上海管理科学,2008(02):47-50.

[276] 高静美.基于认知学习的跨国公司高管团队(TMT)的内部网分层研究[D].大连:东北财经大学,2005.

[277] 胡小玲.创业团队异质性对创业决策的影响研究[D].大连:大连工业大学,2016.

[278] 黄鑫.情绪、信息分布对团队决策的影响研究[D].长沙:湖南师范大学,2011.

[279] 金杨华,王重鸣,杨正宇.虚拟团队共享心理模型与团队效能的关系[J].心理学报,2006,38(2):288-296.

[280] 科特勒,罗伯托,李,等.社会营销 提高生活的质量[M].北京:中央编译出版社,2006.

[281] 刘璐.知识型团队冲突对团队创造力影响机理研究[D].泉州:华侨大学,2016.

[282] 刘灿辉,安立仁.员工多样性、知识共享与个体创新绩效:一个有调节的中介模型[J].科学学与科学技术管理,2016,37(07):170-180.

[283] 刘红云,骆方,张玉,等.因变量为等级变量的中介效应分析[J].心理学报,2013,45(12):123-134.

[284] 林筠,乔建麒,吴莹莹.科技型企业专才和通才、交互记忆系统与双元创新关系研究[J].软科学,2017,31(2):14-18.

[285] 李凯.团队过程、共享心智模型与高管团队战略决策质量的关系研究[D].长沙:南华大学,2013.

[286] 罗瑾琏, 韩杨, 钟竞. 群体交互记忆系统成因机制研究 [J]. 管理学报, 2015, 12（01）: 80-87.

[287] 罗培. 领导模式对团队决策绩效的影响研究 [D]. 长沙: 中南大学, 2012.

[288] 罗仕文, 肖余春. 团队认知协同视角下信息共享机制研究 [J]. 技术经济与管理研究, 2019（10）: 64-68.

[289] 罗仕文, 肖余春. 授权型领导作用下的信息共享机制研究 [J]. 技术经济与管理研究, 2020（1）: 62-66.

[290] 吕洁, 张钢. 团队认知的涌现: 基于集体信息加工的视角 [J]. 心理科学进展, 2013, 21（12）: 2214-2223.

[291] 秦辉, 王瑜炜. 虚拟性与信息共享关系的元分析 [J]. 管理评论, 2016, 28（3）: 84-92.

[292] 仇勇, 李宝元, 王文周. 团队断层何以影响团队决策质量？一个被调节的中介效应模型 [J]. 财经问题研究, 2019（7）: 104-112.

[293] 石晓姣. 管理团队认知能力对决策效果的影响机制研究 [D]. 沈阳: 沈阳工业大学, 2018.

[294] 施启胜, 葛玉辉, 陈悦明. 基于共享心智模型的高管团队决策效率研究框架探析 [J]. 工业技术经济, 2009, 28（11）: 34-36.

[295] 罗宾斯, 贾奇. 组织行为学 [M]. 12版. 李原, 孙健敏, 译. 北京: 中国人民大学出版社, 2008.

[296] 田立法, 张光磊, 席枫, 等. 团队冲突、冲突缓解、凝聚力与团队绩效: 一个纵向研究 [J]. 科技进步与对策, 2018（1）: 113-121.

[297] 汤佳丽. 协作式信息搜索中基于共享心智模型的团队认知机制研究 [D]. 南京: 南京理工大学, 2019.

[298] 吴志平, 陈福添. 中国文化情境下团队心理安全气氛的量表开发 [J]. 管理学报, 2011, 8（1）: 73-80.

[299] 武欣, 吴志明. 团队共享心智模型的影响因素与效果 [J]. 心理学报, 2005, 37（4）: 542-549.

[300] 王黎萤, 陈劲. 研发团队创造力的影响机制研究: 以团队共享心智模型为中介 [J]. 科学学研究, 2010, 28（3）: 420-428.

[301] 王鑫. 时间压力对临时团队决策绩效的影响研究 [D]. 西安：西安工程大学，2019.

[302] 王敏，李淑敏. 工作负荷对个体感知到的团队内冲突的影响：控制点及情感信任的调节作用 [J]. 管理评论，2017，29（4）：122-133.

[303] 王学东，范坤，赵文军，等. 团队认知对虚拟团队知识共享的影响及实证研究 [J]. 情报科学，2011（8）：16-21.

[304] 王传征，葛玉辉. 高管团队交互记忆系统、团队过程与战略决策绩效：基于混改科技型企业的实证研究 [J]. 科技管理研究，2020，40（12）：150-157.

[305] 卫旭华，刘咏梅，车小玲. 关系冲突管理：团队效能感和团队情绪智力的调节作用 [J]. 系统管理学报，2015，24（1）：138-145.

[306] 汪丽. 组织信任及决策承诺与决策质量之关系探讨 [J]. 现代财经（天津财经大学学报），2007（3）：37-40.

[307] 汪丽，茅宁. 声誉、决策质量和决策承诺：中国情景下的实证研究 [J]. 经济科学，2006，28（4）：94-103.

[308] 伍玉琴，王安民. 基于交互记忆系统的团队有效性模型研究 [J]. 科技管理研究，2010，30（10）：191-193.

[309] 薛会娟. 研发团队中的效能感与创造力的关系：跨层次研究 [J]. 南开管理评论，2013，16（5）：71-76.

[310] 薛会娟. 共享心智模型和交互记忆系统：对立或协同？——基于知识管理视角 [J]. 心理科学进展，2010（10）：45-52.

[311] 许红军，刘立明，田俊改，等. 跨文化团队共享心智模式构建影响因素研究 [J]. 中国人力资源开发，2015（19）：24-29.

[312] 徐寒易，马剑虹. 共享心智模型：分布、层次与准确性初探 [J]. 心理科学进展，2008，16（6）：933-940.

[313] 肖余春，罗仕文，吴伟炯，等. 团队认知协同视角下新产品研发活动研究：基于交互记忆系统和共享心智模型的协同作用 [J]. 科技管理研究，2019，39（6）：121-127.

[314] 严茜. 不同媒介和任务条件下虚拟团队信息共享与团队效力研究 [D]. 长沙：中南大学，2010.

[315] 杨晓琳. 团队异质性与团队心理安全关系研究 [D]. 济南：山东大学，2015.

[316] 杨付,张丽华.团队成员认知风格对创新行为的影响:团队心理安全感与工作单位结构的调节作用[J].南开管理评论,2012,15(5):13-25.

[317] 杨相玉,徐振亭,孙效敏.个体目标取向与团队心理安全交互对个体知识共享的影响[J].科技进步与对策,2016,33(19):147-154.

[318] 杨敏禧.心理安全气氛与学习行为对组织学习的影响[D].云林:云林科技大学,2002.

[319] 周晓东,胡玲.交互记忆系统对高管团队有效性影响的实证研究[J].南华大学学报(社会科学版),2014,15(1):53-58.

[320] 张志学,韩玉兰,邱静,等.高技术工作团队的交互记忆系统及其效果[J].心理学报,2006,38(2):271-280.

[321] 张钢,熊立.交互记忆系统与团队任务、成员异质性、团队绩效关系的实证研究[J].技术经济,2008,27(5):26-33.

[322] 赵可汗,贾良定,蔡亚华,等.抑制团队关系冲突的负效应:一项中国情境的研究[J].管理世界,2014(3):119-130.

[323] 周军杰.虚拟社区退休人员的知识贡献:基于社会认知理论的研究[J].管理评论,2016,28(02):84-92.

[324] 周晓东,胡玲.交互记忆系统对高管团队有效性影响的实证研究[J].南华大学学报(社会科学版),2014,15(01):53-58.

附录：实验信息

一、信息项目情况

信息项目

信息项	新产品开发项目	
	汽车重力传感器	汽车反射传感器
销售数量 *1	600 000	450 000
销售额增长 *3	12%	9%
利润 *CI	¥1 000 000	¥15 000 000
投资回报率 *2	13%	11%
产品周期 1	9	6
产品创新度 2	10	7
产品性能 CI	6	9
产品质量 3	9	6
产品优势 CI	7	10
顾客忠诚度 CI	6	9
客户满意度 1	10	7
市场份额 *2	17%	14%
市场规模 CI	7	10
易于制造性 3	9	6

注：* 表示信息项被赋予绝对值，其他的被赋予数字等级（0~10），数字越大越好；
  CI 表示所有被试都拥有的共同信息；
  1 表示只分配给被试 1 的独特信息；
  2 表示只分配给被试 2 的独特信息；
  3 表示只分配给被试 3 的独特信息。

附录：实验信息

二、信息项目分布情况

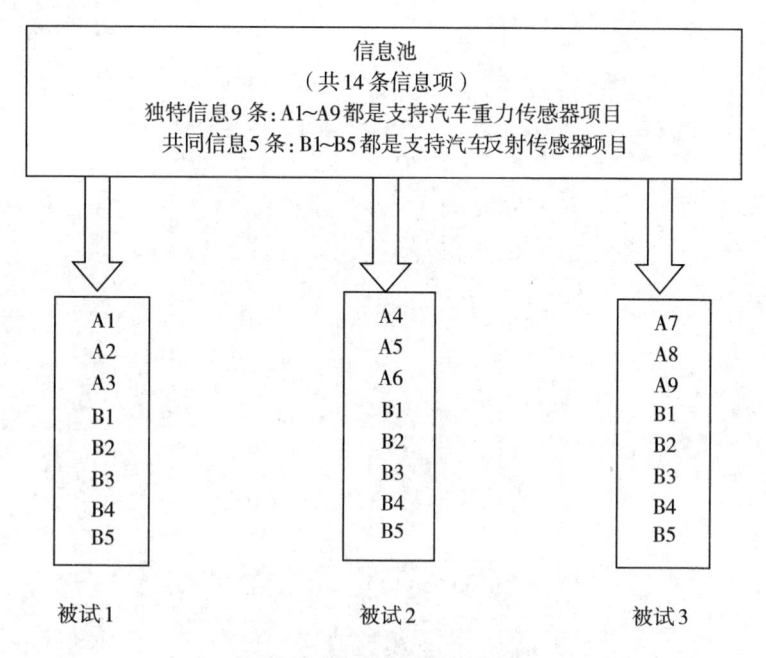

```
┌─────────────────────────────────────────────┐
│              信息池                          │
│          （共14条信息项）                    │
│  独特信息9条：A1~A9都是支持汽车重力传感器项目 │
│  共同信息5条：B1~B5都是支持汽车反射传感器项目 │
└─────────────────────────────────────────────┘
```

被试1	被试2	被试3
A1	A4	A7
A2	A5	A8
A3	A6	A9
B1	B1	B1
B2	B2	B2
B3	B3	B3
B4	B4	B4
B5	B5	B5

信息项在被试之间的分布情况

—163—